Mit liv som ædru dranker

JOHNNY FRANK

Mit liv som ædru dranker

© 2021 – Johnny Frank

Forlag: BoD – Books on Demand, Hellerup, Danmark

Tryk: BoD – Books on Demand, Norderstedt, Tyskland

ISBN 978-87-4306-610-1

Indhold

Forord

Det har indtil nu været en rigtig spændende rejse, som selvfølgelig har budt på nogle "bump" på vejen, som livet nu engang gør. Dog har der været langt flere fordele, i forhold til dengang jeg sad ensom i mit hus med den halvtomme flaske Jelzin Vodka oppe på mit køkkenbord og gloede ud på en ligusterhæk og en meget tom vej, hvor jeg bare ønskede, at jeg for alt i verden snart kunne få et andet liv end det her forbandede fordrukne liv … alligevel fortsatte jeg bare med det, jeg kendte, nemlig druk! Jeg havde tabt alle mine kampe indtil nu, så nyttede det mon denne gang? Ofte har jeg tænkt: Tja, hvis folk vidste, hvad jeg havde været igennem på snart 50 år. Hold da op, hvor er jeg bare stjerneheldig med mit liv. Jeg har snydt døden rigtig mange gange, brudt den der sociale arv og alligevel rejst fra nord til syd og fra øst til vest. Jeg har haft sjove og voldsomme oplevelser i mit liv, så derfor dør jeg lykkelig en dag.

I de 10 år, jeg har levet som ædru alkoholiker, har jeg hver eneste dag skrevet en lille tekst for at melde mig ind i kampen i dag. Det har jeg udgivet som et lille sammendrag igennem årene, og jeg kan godt love, at det ikke bliver kedeligt …

Igennem bogen vil man også støde på det, som jeg kalder "Ugens ord", hvor man kan enten tænke på eller skrive om ordet og se, hvad man kan få ud af det. Det er dit og kun dit. Jeg gør det personligt 1 gang om året for at se, hvor jeg mon er nu i forhold til sidste år, og wow, jeg kan blive overrasket … *Tak til min stjernegode kammerat, hans altid hjælpsomme kone og min søde datter, mine 2 drenge, fru Hoffmann, C.N. og alle, der har hjulpet med til at denne bog kunne blive til, for al deres uvurderlige hjælp og forståelse gennem den tid, hvor jeg har skrevet på bogen. Rigtig god fornøjelse …*

År 2011

Den 31.05.2011 var den dag, hvor jeg sluttede mine dage som aktiv alkoholist, og derfor "sugede" jeg da også nærmest bunden ud af min sidste sprutflaske. En af mine nye gode kammerater tog mig nærmest kærligt under armen og introducerede mig for sin familie, der også tog rigtig godt imod mig, på trods af at jeg faktisk var mere død end levende! Tirsdag den 12.07.2011 holdt han og jeg et langt møde, hvor han fortalte om alle de forskellige ting, som han selv var blevet oplært i for at holde sig på ædruelighedens vej og aldrig mere komme til lige at tage sig en lille en igen. Efter nogle timer, hvor vi var ved at være færdige, begyndte jeg faktisk at glæde mig til at komme hjem og afprøve nogle af de ting, som jeg nu var klar til at komme til at prøve i praksis. Dog skulle vi lige til møde i Fællesskabet først, hvor der også var 25-30 andre ædru alkoholikere. Nu mente jeg, at vi havde vi været hele spektret igennem, og fra nu af ville det hele blive nemt nok. Jeg kom hjem og satte mig straks til tasterne, selv om jeg var træt, som et helt alderdomshjem. Alle de indtryk, jeg havde fået, på blot en eftermiddag/aften. Efter jeg havde skrevet og takket af for denne fantastiske dag, faldt jeg bagefter i en meget dyb og rolig søvn.

Dagene gik, og lige så langsomt blev jeg mere vant til skriveriet, morgen og aften. Hvis det bare var det, kunne jeg altså ikke fatte, at jeg ikke var stoppet med drikkeriet for mange år siden. Nu havde jeg da fundet det endelige svar – troede jeg, men lidt senere skulle det vise sig, at jeg ikke havde fundet noget som helst.

Noget af det første, jeg lærte for at få lidt struktur på mit liv, var, at jeg nu maks. skulle lave 6 ting om dagen: vaske, lægge tøj sammen, handle, lave aftensmad osv., og selv om 6 ting lød let nok, havde jeg svært ved at holde mig under, fordi jeg var vant til at flyve fra det ene til det andet i en stor forvirring, og kun sjældent kunne jeg gøre noget færdigt med det samme. Det drejede sig om flugten langt væk fra mig selv og angstens sved.

Da jeg havde været ædru i knap to måneder, havde jeg mange ting, jeg gerne ville undersøge, og egentlig følte jeg mig da også lidt "frelst", for jeg havde det, som om jeg var en af Guds mange marionetdukker. Tog ind og besøgte et vinhus i Slagelse, tog i Telia Parken "for at se fodbold" – nej, ville bare gerne genopleve "de glade dage" – eller jeg begyndte at gå i kirke hver søndag – ham der "Gud Knudsen", eller hvad fa…. han hed. Skulle vide, at det med ædrueligheden mente jeg altså alvorligt. En søndag var jeg kommet lidt for tidligt i kirke, og pludselig kommer præsten ned til mig og spørger, efter hun nu havde set mig 2 søndage i træk, om alt nu var i orden. "Øh, ja ja … *Jeg har bare brug for roen, fordi jeg har været ædru i knap to måneder nu*". Det syntes hun var flot, og hun brugte alkoholikeren i sin prædiken. Det føltes lidt sejt. Jeg følte ikke rigtig drikketrang, men jeg havde tit drømme, hvor jeg var sammen med nogle andre, enten på druk, eller hvor vi sad på et tag og "fyrede den fede", tog noget kokain, eller hvad vi nu lige havde af euforiserende stoffer, da vi bare skulle væk fra hverdagen, og nøj, hvor havde jeg det godt i drømmen. Næste dag om morgenen var jeg drivvåd af sved og så sindssygt angst, at jeg måtte ringe til min nye ven og høre, hvad der lige foregik. Han grinte bare højlydt og spurgte, om der var sket noget. Nej nej, og jeg har overhovedet ikke taget noget som helst! Han kunne berolige mig og fortalte, at det var helt normalt for en alkoholiker, uanset hvor længe man havde været ædru. En dag kom min x-kone og datter for at hente mig, for vi skulle til et eller andet møde, og vi kørte og snakkede – og pludselig fik jeg et stød igennem kroppen og "daskede" chaufføren en på højre skulder og råbte: "*Hvad fanden laver du?*". Hun kiggede meget mærkeligt på mig og sagde: "*Jeg gør altså bare forruden ren".* Den sprinklervæske startede en reaktion i mit Thiq Center, og jeg måtte undskylde pænt.

Ud over min "elskede" fodbold, der bare var endnu en undskyldning for at slippe væk fra mig selv, begyndte jeg også at indse, at huset, hvor jeg boede, også havde brug for hjælp og en ret kærlig hånd efterhånden. Malingen var begyndt at skalle af, og der var pispletter fra 8 stk. Mastiff-hundehvalpe, der ikke ville forsvinde igen, og lort op og ned ad væggene, i ordets bogstavelige forstand, som jeg bare overså. Jeg orkede ikke at holde haven pæn. Alligevel fik min søn lavet et udendørs terrarie til 2 russiske landskildpadder. Inderst inde tror jeg nu godt, jeg vidste, at huset ville enten smuldre mellem fingrene på mig eller gå på tvang, hvis ikke jeg snart gjorde noget. Ædruelighedens længde var nu 2 måneder, og jeg begyndte i "fitnesscenter" igen – og trænede på kondicyklen derhjemme hver dag. Mine børn kom pludselig lidt oftere nu, hvilket jeg selvfølgelig nød, for det var, som om de igen troede på deres far. Jeg havde så ofte førhen lovet dem "aldrig mere", men en uge eller to senere var jeg fuld igen. I det fællesskab, hvor jeg gik, hørte jeg tit om, hvordan børnene havde "slået hånden" af deres forældre og havde startet deres eget liv et helt andet sted i landet, fordi de måtte væk fra den fordrukne far eller mor (måske dem begge). 24 timer var den horisont, jeg havde, hver eneste dag, der kom fremadrettet, og det var virkelig en lettelse, at jeg kun skulle overskue det næste døgn, og det mente jeg godt, jeg kunne, for ellers kunne jeg også bare nøjes med en time ad gangen, hvis jeg var virkelig "tørstig". Det var en rigtig spændende og helt anderledes verden, jeg nu havde bevæget mig ind i. Jeg vidste godt, at jeg overhovedet ikke skulle overveje at kigge tilbage, ej heller sukke dybt efter "de gode gamle dage", hvilket jeg var glad og taknemmelig for. En anden ting, der også var ændret i den seneste tid, var, at rengøring og alt muligt andet husarbejde nu var blevet vigtigt på en helt ny måde. Åh, den første tid var så skøn samt enormt spændende, og jeg nød at være omgivet af min familie og mine venner. Alt var pludselig så dejligt befriende, som man havde det før i tiden, når

11

man fik den første ro og varme af alkoholen. Der var i hvert fald mange flere gode end dårlige dage nu. Jeg købte en crosstrainer, som jeg ville dyrke sammen med min cykling, men hvad jeg ikke vidste, var, at motion skulle blive min nye afhængighed fra nu af. Oveni skulle jeg til at begynde at spise sundt. Det var det sværeste, for mad stod ikke særlig højt på min liste, men nu skulle jeg starte med et solidt morgenmåltid, såsom havregryn eller noget andet sundt og godt til min arme krop. Nu skulle der passes på den, også selv om jeg stadig røg masser af cigaretter på det tidspunkt. Jeg begyndte også at lave aftensmad til flere dage ad gangen. Det var nu egentlig også en rigtig rar følelse, også for mine børn, når de kom på weekend, for nu havde ham daddy altid maden klar, og de skulle ikke være utrygge ved, om jeg nu havde sørget for aftensmad, eller om der nu lå noget i fryseren, eller om han drak sig fra sans og samling igen.

Min kampvægt, på det tidspunkt jeg valgte at blive ædru, var på 48 kg, men allerede nu var jeg oppe på 52 kg.

Knap 3 måneders ædruelighed, og jeg blev sindssygt bange. Jeg fik et par dårlige dage, hvor jeg virkelig var tørstig og havde trang til druk. Jeg bandede og svovlede, for det var bare "sprutdjævlen", der var på spil oppe i min hjerne, og nu ville han give mig gode råd om, at jeg da bare kunne drikke lidt. Gudskelov lod jeg være. I dag kan jeg takke min gode kammerat og det fællesskab af mænd og kvinder, der alle kendte til mine udfordringer på misbrugsområdet, for ikke at give op – og de opfordrede mig alle til at fortsætte, og det gjorde jeg så. Nu var mit store ønske, at de der senabstinenser, som jeg fik at vide, var grunden til min forbandede tørst, snart ville gå over igen. Alle snakkede om den behandling, de havde været i gennem mange uger, og sådan en behandling ville jeg da også gerne i for at blive et helt menneske igen. Tænk! jeg fik da også lige at vide, jeg var "gadebarn", WHAT? Det blev dog ikke nogen let opgave, for lægen, misbrugscentret, psykiaterne, sygeplejerskerne, psykiatrien havde ikke ret meget tillid, hvis overhovedet nogen, tilbage. For jeg havde været rigtig god til at give hele puljen af mennesker "fingeren", når jeg var nogenlunde i orden igen. Denne gang kørte min kammerat og jeg op på misbrugscentret, og efter 1 måned på "bussen" ville jeg få svar. Meldte mig til en hjemmeside, der var lavet til alkoholikere som mig, og nu ville jeg gerne gå med både livrem og seler for at give mig selv chancen for at få et rigtig godt liv. Jeg hadede antabussen, men var rigtig godt kendt med den i forvejen. 8 gange oppe og blive krydset af, og nu skete det. Den 13.09.2011: "Tillykke Johnny, du har fået en plads på (dengang) BS Karrebæk i 8 uger!!!" 2 timer efter var jeg på vej afsted, og jeg var meget spændt. Nu skulle jeg til at lære at være social, lytte og kunne samarbejde med andre uden noget som helst euforiserende i kroppen. Der var 4-5 behandlere, der lynhurtigt spottede dem, der havde taget noget med, men ham den islandske sporhund Thorstein var rigtig god, og jeg tænkte "Hvordan gør han?", når han rev en "kylling" ud af inderlommen på en nyankommen dranker. De blev omgående sendt hjem igen, for de havde jo ingen interesse i at være der alligevel. Nå, men

13

hver dag startede dagen med et morgenmøde, hvor vi skulle gå op til en talerstol og referere noget til en tekst, vi havde læst, og hvad vi ellers havde på hjertet. I starten var der lidt ballade, fordi folk lige skulle indfinde sig, og vi var alle ret dårligt socialiseret. Men langsom fandt vi en rytme, vi alle kunne være en del af. Selvfølgelig var der nogen, der var helt uden for lands lov og ret, fordi de slet ikke havde nået deres personlige bund. Om aftenen fik vi udleveret vores mobiltelefoner og måtte så værsgo aflevere den igen senere på aftenen, og det var ok for de fleste af os. Dagene gik, og selv om vi var på det meste af tiden, var der alligevel tid til at tænke over ens egen vanvittige situation, så den 23.09.2011 blev jeg enig med mig selv om at se at få solgt mit efterhånden faldefærdige hus og starte forfra i en ny by, et helt andet sted. Selvmedlidenheden blev også et projekt og en opgave, som jeg måtte arbejde med, for åh, hvor var det altså hårdt og synd for mig. Der skete så mange ting, mens jeg var i behandling. Nogle blev sendt hjem, andre diskuterede konstant, fordi de måske inderst inde var tørstige. Det tal, jeg hørte sidst, var, at vi bare var 2 eller 3 ud af 10-12 mennesker, der ikke havde fået et tilbagefald. Ret dårlig statistik, når man tænker på, hvad en behandling koster, men nogle er ikke færdige med at drikke, andre magter ikke at se det "normale" liv i øjnene, eller også er sygdommen så stærk, at man ikke har en chance. På nuværende tidspunkt har jeg kendt to fra min behandling, der nu er døde, fordi kampen var for hård. 1., 2. og 3. trin var jeg igennem, og jeg nød det, for Fællesskabet derhjemme havde fortalt en hel del om DE 12 TRIN, så det var ikke helt fremmed for mig. Vores rygestue (en flot hvid pavillon) blev flittigt brugt, når vi havde pause eller fri, og den særdeles flotte hvide due, der besøgte stedet, mens jeg var der, glemmer jeg nu heller aldrig. Jeg var sikker på, at det var en af Guds udsendte, der lige skulle holde et vågent øje med mig. Efter ca. 6 uger kom den aldrig mere tilbage og hvorfor mon? Ærlighed var noget, jeg var rigtig god til at gå langt udenom – tja, jeg indrømmer gerne, at jeg var "verdens største løgner", men det var jeg også god til. En dag fik vi flødeboller fra Frellsen, men en af de andre havde gemt sin i køleskabet. Det så jeg senere, og pludselig var den væk. Desværre blev jeg opdaget af en tredje person, og jeg fortalte hende, at jeg "selvfølgelig" nok selv skulle fortælle, at jeg havde ædt den. Lidt senere kom ejermanden og blev dybt skuffet over at se, at der inde i køleskabet nu stod en tom underkop med en lille serviet på, hvor den lille godbid før havde stået så nydeligt ovenpå. "HVOR ER MIN FLØDEBOLLE???" Av! nu var jeg der igen ... Jeg forblev tavs som en østers, og inden længe måtte jeg gå til bekendelse (den sved!). Det var nogle lærepenge, jeg aldrig vil glemme. For hulen mand, jeg havde meldt mig ind i et ærlighedsprogram og forstod det åbenbart ikke før nu. Vedkommende grinede, for hun havde faktisk haft det på fornemmelsen. Tak for din ærlighed, og så blev jeg omfavnet af hende. Nu kom de andre fra gruppen også og sagde, at de syntes, jeg var "skidesej" og modig osv.

Jeg ville rigtig gerne væk fra mit hus, for jeg havde efterhånden snart kun de dårlige minder tilbage oppe i mit hoved, og derfor tog min kammerat og jeg ud og så på nogle boliger for fysisk handicappede, men kommunen så mig slet ikke syg nok til at bo der (gudskelov!), så jeg måtte videre og fik i stedet den lejlighed, jeg bor i i dag.

Jeg hørte ofte et speak, imens jeg var i behandling, men jeg kendte jo allerede mange af de historier, der kom i forvejen, bare i en lidt anden udgave. Mine børn og min x-kone kom også forbi en dag, og vi var til møde. x-konen græd og fortalte, at hun aldrig mere ville stole på mig igen, og det kunne jeg jo ikke fortænke hende i. Dog har vi et godt forhold til hinanden i dag. En anden dag kom der en af de andre over til mig i rasende fart, og jeg tænkte bare *"hvad sker der nu?"* Hun lagde hånden på min skulder og sagde: *" ... og til dig, Johnny – jeg håber, du bliver ved med at have din højere magt?"*, hvæssede hun. "Øh, tak", var, hvad jeg fik fremstammet! Derefter fortsatte hun og en behandler ud ad døren, og jeg så hende aldrig siden. Jeg begyndte at mærke, at noget efterhånden var anderledes, og jeg var ikke på den evige pengejagt, som jeg ellers altid var, så kroppen kunne få sin sprut. Jeg var træt efter 6 uger og begyndte at ane enden på opholdet. Mine mange oplevelser som snapsedrikkeren om natten, benzodiazepin og morfin-kvinderne samt herren, der gik i leverkoma 2 gange i behandlingen, osv. Jeg var næsten overfyldt med oplevelser og havde faktisk allerede nu fået meget mere i min rygsæk, end jeg egentlig havde turdet håbe på. Nu havde jeg været ædru i 5 måneder, og ja, jeg var sgu rigtig stolt af mig selv. Som afsked fik jeg en eller anden "hoplanål" som bevis på, at jeg havde gennemført alle 8 uger, og den 07.11.2011 blev jeg klappet ud fra matriklen, da vi kørte derfra.

Derhjemme gik det dog knap så godt imellem x-konen og mit mellemste barn. De skændtes konstant, og jeg tilbød, at han kunne bo hos mig, når jeg kom hjem fra behandling. Vi havde prøvet, da jeg var aktiv, hvor det gik galt, fordi jeg konstant og altid var påvirket. Dog følte jeg det anderledes nu, men i stedet kontaktede hun kommunen og fik ham på kostskole.

Selv om jeg var en ny og anderledes personlighed, skulle jeg nu stadig holde mit fokus på at holde mig fra "den første" de næste 24 timer, og nu da jeg var hjemme igen, fik jeg tatoveret "sindsrobønnen" på hele min ryg torsdag den 10.11.2011, ikke mange dage efter hjemkomsten, men den havde også været en del af mig i snart et halvt år og særligt i behandlingen, hvor vi brugte den dagligt. Drukdrømme havde jeg stadig rigtig mange af i den spæde start af mit nye ædru liv. Måske var jeg så nervøs for at få et tilbagefald, at jeg bare gjorde det i drømme om natten, når ingen så mig. Ellers var livet skønt, og jeg ville tage udfordringen op, høre efter, hvad der i virkeligheden blev sagt til mig, og ikke hvad jeg troede og mente, andre sagde. Jeg startede med trin 1 hver morgen for at melde mig ind i kampen: Godmorgen, jeg hedder Johnny, og jeg er alkoholiker ... men inden havde jeg læst i en lille bog, der skulle hjælpe mig lettere igennem dagen. Det gør jeg stadig, og jeg nyder godt deraf, for selvom jeg ved, at jeg aldrig vil opnå status som fejlfri, vil jeg stadig gøre mit bedste og opføre mig ordentligt. I dag er det 10 år siden, jeg prøvede at suge bunden ud af vodkaflasken, og nogle gange kan det undre mig, at mennesker stadig ønsker mig i deres liv, når jeg nu engang ofte opførte mig på så svinsk en måde. Jeg lærte hurtigt, at hvis jeg brændte for noget (ny bolig?), skulle jeg også knokle og slide og slæbe for det hver eneste dag fremadrettet. Det er hårdt, men jeg får stort set altid et godt resultat ud af det, hvis blot jeg har gjort mit arbejde ordentligt. Lørdag den 26.11.2011 holdt jeg mit første speak nede i medborgerhuset i Kalundborg, da de havde 7-års fødselsdag, og vi fejrede vores gruppe med kaffe og lagkage. Jeg havde ca. en ½ time til at fortælle om min vej til Fællesskabet, og jeg klarede det på 27 minutter. Alt, hvad jeg sagde, blev bare fyret af fra hoften. Bagefter fik jeg vanvittig meget ros, og det var jo rart, for "når jeg giver noget væk, får jeg det dobbelte igen", og det var en business, jeg kunne forholde mig til! Jeg syntes faktisk, at alt gik så godt, at jeg sagtens kunne joke med alkoholen over for mine børn. Pludselig så jeg angsten i deres øjne, og de må have tænkt "Åhh nej, mener han det heller ikke denne gang??" Jeg fik en lang snak med dem og undskyldte, at jeg slet ikke havde tænkt mig om, men den endelige lettelse kom dog først noget senere. Dog var det ikke alt, der var rosenrødt, for fru X havde besluttet, at knægten nu skulle i plejefamilie, hvilket jeg foragtede, og det vidste hun godt. Jeg lagde det derfor "over til Gud", sådan som jeg havde lært det, for så skulle jeg ikke starte nogen intriger, når hun kom.

Den 15.12.2011 blev min sindsrobøn på ryggen lavet færdig med farve og det hele, så nu står den knivskarpt.

Jeg var nu nået dertil, at jeg også skulle udvise tålmodighed, og det var noget af det sværeste. Mine 3 børn var meget mere med-afhængige, end jeg egentlig ville være ved, og uanset hvor meget jeg kæmpede for, at vi havde det godt, var de stadig rigtig bange for, at de snart igen ville høre skruelåget blive vredet om med sin karakteristiske lyd. Det var så dybt inde i deres hjerner, så jeg på et tidspunkt tænkte: "Nu mister jeg dem snart!", men skæbnen ville det gudskelov anderledes. Den forbandede sprutdjævel fik jeg tatoveret den 22.12.2011, og det viste mig virkelig, hvor onde kræfter jeg var oppe imod. I dag dukker han sjældent op, men indimellem fortæller han mig dog, at han stadig er der og altid er klar til en ny omgang "hygge" med mig.

Snart efter blev det juleaften og sikke en. Jeg sad og hyggede mig helt alene, det gjorde ingenting, og jeg havde en dejlig varme i hele kroppen. Selvmedlidenheden over at sidde alene eksisterede ikke. Om eftermiddagen havde jeg været i medborgerhuset for at ønske glædelig jul til de andre "rødder".

Jeg griner lidt af mig selv, når jeg mindes den tid, for ja, jeg havde min daglige træning, vasketøj, de 2 skildpadder og 2 små pytonslanger og min dværgpuddel Lady, men jeg var også pludselig begyndt at lytte meget til mig selv og min krops signaler. Det var jeg jo slet ikke vant til.

Fra den 12.07.2011 til den 31.12.2011 havde jeg bare 13 dårlige dage, som alligevel endte godt, fordi jeg arbejder med "programmet" på daglig basis, og endelig kan jeg slutte året af med 7 måneders ædruelighed. *"Det virker, hvis du medvirker!"*

År 2012

Jeg skulle ændre alt, jeg kendte fra førhen, og gøre alt modsat. Jeg skulle også begynde at tro på "noget større end mig selv" – fandtes det mon? Ja, og det fandt jeg hurtigt ud af. Nej, det var ikke fis, og i dag er Gud den første, jeg sender en kærlig tanke, og jeg beder inderligt om hans styrke og godhed hver eneste dag. Dog led jeg stadig af en smule selvmedlidenhed og var dødsenstræt af min gamle adfærd.

Jeg havde også min disseminerede sklerose at slås med, så jeg besøgte Riget og fik medicin og senere Roskilde, hvor jeg stadig går inde i dag, da de lige vil tjekke, hvordan jeg har det, uden nogen former for medicin. (Det vender jeg tilbage til).

Jeg følte, at mit hus måtte være ligesom at sidde i spjældet, men jeg mente alligevel, at jeg havde styr på det, selvom det var lidt ensomt, koldt og kedeligt. Ofte tænkte jeg tilbage på min behandling, og hvor meget jeg egentlig nåede på de otte uger, så det ville da være totalt spild af gode kræfter at gå på druk nu. Jeg sad en dag og så tilbage på dengang, jeg gik rundt med 1 krykke i venstre hånd, en sneskraber i højre og en halv flaske vodka i dunken – så var dagen i gang. Jeg er lige nødt til at indsætte tirsdag den 24.01.2012, da jeg er lidt overrasket over alle de ting, som jeg pludselig får øje på en morgenstund. *"Godmorgen! Jeg er vågnet op til en frosthvid morgen, hvor bilerne drøner forbi med afskrabede, isbelagte ruder, og vognen er garanteret fyldt med sure forældre til børn, der kommer for sent i skole etc. Fuglene, der pipper i et væk, og jeg sidder der på mit køkkenbord og tænker, gad vide, om de skriger: Vi pissefryser!!! Eller om det er jubelskrig, fordi vejret er så flot?* "For hulen, jeg har pludselig fået mine skarpe sanser igen!" Før i tiden hadede jeg mit eget selskab, og ikke engang flasken kunne tilnærmelsesvist give mig den glæde, som jeg besidder i dag, som ædru.

Mange af mine dage lignede meget hinanden, men jeg blev ved – vasketøj, rengøring, træning, læsning osv. – hver eneste dag. Jeg havde konstant fat i kommunen, da jeg efterhånden gerne ville væk, langt væk. På det tidspunkt havde hende fra kommunen snakket om nogle nye boliger uden for byen, og derfor talte jeg vidt og bredt om, at jeg snart skulle/ville flytte. Det hørte min x-kone, og straks ville hun leje huset. Nix, jeg ønskede bare, at en eller anden ville fyre en panserværnsraket ind i lortet og jævne det med jorden, så jeg kunne komme videre med mit indtil for nylig ret spildte og ødelagte liv. Jeg ønskede at fortsætte hen ad Guds brede landevej, som jeg nu havde gjort med flid i 8½ måned, og åh, hvor havde jeg det bare godt og roligt indvendig. Tænk, at jeg kunne stå op og holde ud at se mig selv i spejlet hver morgen, uden væmmelse, men med glæde, taknemmelighed og sindsro. Gode ting sker langsomt, og efter en længere snak med en fra Skat, og efter min kammerats far havde kigget mine papirer og opgørelser igennem, endte det med: Ingen udlejning!! Nu kunne jeg så i stedet sætte mig med "Swan Peak" af James Lee Burke og nyde min kaffe og virkelig mærke, at gode ting sker langsomt. Nu havde jeg heller ikke en udlejning hængende over hovedet. Den 23.02.2012 fik jeg tusset min smukke skytsengel færdig på skulderen, så jeg nu havde en god og en dårlig side eller yin og yang osv. tegnet og printet ind i min krop, så nu kunne engle og dæmoner diskutere så meget, de ville. Jeg havde Gud med mig på daglig basis og frygtede efterhånden ingenting.

Jeg ænser foråret og kan pludselig se alle de små forårsblomster spire og alle de små vilde og smukke fugle kvidre i syrenhækken, som efterhånden er 3-4 meter høj, ind mod min matrikel, når jeg triller rundt i min have, for en af de sidste gange. Græsset er blevet højt, for jeg magter det ikke længere … "Håndklædet er kastet i ringen", og jeg har opgivet den kamp. En tåre triller langsomt ned ad min kind, og minder vælter op i mig, imens jeg kører rundt på den mosbelagte græsplæne. Jeg ved, at hvis jeg bliver her med min sklerose og alkoholisme, vil jeg inden for kort tid gå på druk igen og dø, men min Gud, sindsro og tålmodighed skal nok hjælpe mig igennem denne udfordring også, selv om jeg lige må endnu en tur igennem mit dranker-helvede i mine tanker. Jeg havde næsten lige set Leaving Las Vegas (Nicolas Cage), hvor han i starten bare fylder indkøbsvognen op med alverdens sprutflasker. Det passede rigtig godt på mig. Lige omkring den første i måneden var jeg også tit på shoppetur, og flaskerne røg lystigt ned i vognen. En dag kigger den ældste knægt meget undrende på mig. Jeg fik fyret noget af med, at alle de flasker skulle bruges, når der kom gæster, men der kom bare aldrig nogen, og det vidste han da godt. Vi har ofte grinet af, at jeg var så indbildsk. En dag ringede de fra ejendomskontoret, og jeg blev spurgt, om jeg stadig var interesseret i den lejlighed, som hun netop skulle til at skrive kontrakt på. Ja for fan ... Jeg må have ramt en guldåre, for nu skulle jeg flytte den 15.04.2012. Min kammerats far og den daværende bankdirektør bad mig flytte lidt rundt på pengene, og jeg fik oprettet en ny konto i en anden bank. Nu begyndte tingene langsomt at skyde den fart, jeg havde drømt om i flere måneder. Den 15.04.2012 skulle strømmen flytte adresse, og jeg opsagde alle mine forsikringer, selv om assurandøren ikke var helt enig med mig, for jeg var jo ikke flyttet endnu.

Senere ringede de fra ejendomskontoret og fortalte, at jeg jo alligevel ikke kunne flytte ind i den lejlighed, jeg havde på hånden, da der stod, at man skulle være 55 år og opefter. Shit, nu var gode råd dyre. Jeg måtte omgående ringe til min kammerat og derefter til kommunen, da jeg ligesom bare boede i en flyttekasse nu. Nu tog min kammerat affære og fortalte damen på boligkontoret, at hun havde været direkte fuld af løgn overfor mig. Den nye kommune havde intet at gøre med boligkontoret, men kunne alligevel udlicitere halvdelen af lejlighederne, så derfor manglede jeg bare en visitation fra den nuværende kommune. Jeg var lykkelig og begyndte langsomt at pakke ned i kasser. Måske var det nu, min drikketrang burde være allerstørst, men jeg havde det så godt indeni. De næste dage gik med at opsige el, vand, varme, forsikringer, og den 07.03.2012 ringede jeg med en endegyldig konklusion til banken:

Jeg ringede ned i banken og fortalte, at huset nu endte på tvang, for jeg kunne ikke klare det længere. Det var han da ked af at høre, men jeg stod fast ved min beslutning og mærkede sulten efter flugten væk fra alle minderne. "Væk med lortet". Den samme dag fik jeg grønt lys af visitationen til at flytte til en anden by. Om aftenen skrev jeg lykkeligt til mig selv:

"Godaften og slut på de fedeste 24 timer. Min kammerat skrev her til aften, at han kunne mærke mere og mere ædruelighed, for hver gang han så mig. Ja, men hver dag bliver også bedre og bedre i mit ædru liv. Dog var jeg aldrig kommet så langt uden al den hjælp, jeg har fået, mht. både forståelsen af programmet, behandlingen i Karrebæk og hjælp til ny bolig samt al den kærlige forståelse, jeg fik af min kammerats kone og far. Derfor sender jeg dem alle mine bedste takkehilsner!".

En dag kom min x-kone og hendes storebror, som vist ikke syntes, jeg var særlig spændende, når nu jeg havde været ædru så længe. De skulle hente en fryser og en reol, som jeg ikke ville have med mig, når jeg skulle flytte. Han og jeg har drukket rigtig meget sammen førhen, og selvfølgelig stank han langt væk af spiritus, men det vender jeg også tilbage til.

Min kammerat og jeg tog hans motorcykel og kørte ind og så byggeriet, der var i fuld gang med at blive bygget, og nøj, hvor havde håndværkerne travlt med at blive færdige. Alligevel fik vi lov at gå op på tredje sal, hvor vi mente, at jeg skulle bo. Wow! Det kunne da ikke passe, jeg skulle have sådan en "herrefed" lejlighed i sådan et flot byggeri og så tæt på alting. Det mente jeg bestemt ikke, jeg havde fortjent. Vi kiggede lidt undrende på hinanden, for det var lidt ligesom at være lige midt i en drøm, men den var god nok.

Derefter kørte vi ned til min nye bank og fik skrevet under på alverdens papirer, og vupti! så var jeg med i en ny bank. Nu begyndte tingene at gå stærkt, i forhold til hvad jeg var vant til. Når jeg boede ude i "den syvende kartoffelrække" og stort set altid var påvirket, skulle jeg virkelig prøve at vågne helt, op og jeg gjorde alt, hvad man nu kan i sådan en vild situation. Nu turde jeg virkelig tro på, at en eller anden magt havde hevet mig op, "da jeg lå nede under gulvbrædderne" og gispede efter sammenlagt godt 20 års on/off-druk.

Som sagt tidligere var min knægt på 14 år kommet i plejefamilie, og starten på det var super. De var både i Lalandia og i Italien, men som 14-årig magtede han det bare ikke. Han følte ikke, han blev hørt, når han prøvede at sige noget, og da kommunen ikke ville snakke med mig, måtte jeg bare stå og se på fra sidelinjen, da jeg jo var et af de store hovedproblemer og en meget magtesløs far (det var hårdt!) – så jeg måtte jo bare lade det ligge og håbe på, at det blev bedre med tiden.

Nå, men det vidunderlige forår blomstrede jo alligevel, og fuglene var i strålende humør og bedøvende ligeglade med de menneskelige småproblemer, for de havde deres helt eget at tænke på.

Jeg tænkte videre en stille aftenstund, men selv om jeg var træt, måtte jeg have det ned på papir: *"Tror, det hele er ved at gå op for mig nu, hvor jeg har skiftet bank og jeg stort set har pakket færdig. Dog har jeg ikke fået lejligheden endnu, men jeg må ringe til kommunen i morgen. Jeg fik lige bekræftet, til min store lettelse, at det ikke var mig, der var galt på den vedrørende min ikkeeksisterende interesse og kæmpe passion for FCK, fødselsdage, fester mv. Min kammerat fortalte, at det var ædrueligheden, der virkede. Ja, den fylder alt, og så må jeg bare være røvsyg at være i stue med. Det er en ny følelse, som jeg har det godt med at være i, da folk omkring mig efterhånden har nogle til tider meget anderledes indgangsvinkler til tingene, og at skulle sidde og høre på deres problemer er ved at være nok for mig. I deres "normale" hverdag drejer tingene sig om penge og materielle goder og konstant ævl om vejret, som de alligevel ikke har en chance for at ændre, eller deres arbejde, hvor tiderne er forkerte, eller det er for hårdt og lønnen er alt for lav etc. Jeg er gudskelov selv langtfra perfekt, men jeg er efterhånden kommet så langt ind i Fællesskabets program, at jeg ser tingene med nogle helt andre briller, og hvad der betyder noget for mig i dag, er min åndelighed, og eftersom jeg nyder den på daglig basis, er det jo det, der gør mig til, hvad jeg er i dag. En ædru dranker, der nyder livet 24 timer ad gangen! Jeg nyder min sindsro på daglig basis – jeg er ikke den samme person længere, men jeg elsker min indre fred, hvor jeg for bare 10 måneder siden havde "en borgerkrig" i min krop, og jeg hadede mig selv! Gudskelov stod der folk, der var klar til at samle mig op igen, og det er jeg dem dybt taknemmelig for".*

Jeg nåede frem til den dag, da bankdirektøren ankom for at fortælle mig om muligheden for et salg i stedet for. Jeg forstod udmærket, hvad han mente, men da han ikke kunne forstå, at jeg ville drikke mig ihjel, hvis jeg blev, kunne jeg heller ikke forstå, at et salg ville være så meget bedre end en tvangsauktion. Hjemme i huset var der bare 13 grader, for jeg havde slukket for varmen, da jeg vidste, at den alligevel snart ville blive lukket. Da hende, der skulle plombere fyret, kom, måtte hun trække på smilebåndet, da fyret allerede var slukket i forvejen. Og min kammerat og jeg sad med overtøj på og skraldgrinede, for selvfølgelig skulle damen være vred over, at jeg ikke betalte mine ting til tiden, men hun kunne også godt se det morsomme i 13 grader, når jeg jo alligevel snart var væk herfra. Mine børn og jeg griner ofte ad den weekend, hvor jeg skulle være weekendfar (der boede på Nordpolen), og hvor mine børn kom med deres varme skiundertøj på, og hvor vi alle 4 lå og sov i et lille værelse, så vi kunne holde varmen i de næste par nætter.

Skærsilden behøvede jeg ikke at frygte, for den havde jeg været igennem (føj!), men nu var jeg den lykkeligste dranker. ET NYT LIV EFTER NÆSTEN 40 ÅR I HELVEDE STARTER NU! Fuck fortiden!!! Jeg har været ædru i dag, og jeg vil lægge 24 timer mere ind på min åndelige konto.

Nu var varmen slukket, og nætterne var ret kolde for en mand med dissemineret sklerose, men selvom jeg ofte vågnede op iskold og meget tidligt om morgenen, ventede jeg bare på, at det blev den 13.04.2012, så jeg kunne få nøglerne. Min x-kone var vist lidt øv over, at jeg nu flyttede 43 km længere væk: *"Du skrider jo bare fra det hele?"* Hun havde en undertone af at blive ladt i stikken. Kontrakten kom med posten, og straks røg jeg tilbage i gammel adfærd igen. Jeg blev drønhamrende nervøs over alle de papirer, der skulle udfyldes, og tankerne omkring ansøgning til lån af indskud, boligstøtte og alle deres spørgsmål. Min kammerat kom og hjalp mig 20 minutter senere ("spørg dog om hjælp!", og det gjorde jeg så).

Min stilletime bliver nydt i fulde drag, og tankerne kører derudad med 180 km i timen. Pludselig mærkede jeg en dejlig ro, udover varmeblæserens stille snurren her i kulden med 13 grader indenfor, brrr ... Nå, men jeg forestillede mig selvfølgelig, hvordan det ville blive om bare 9 dage, når jeg fik nøglen til "mit nye liv". Ka"lortenrøv"borg eller "Dødens by", Aarby, åh nej, her var da pludselig mere dødt, når man var ædru, og jeg følte virkelig "de døde" så småt komme tilbage i huset, nu hvor de vidste, at jeg smuttede derfra snart.

Dog var mine dejlige børn på endnu en ferie ... og søndag den 08.04.2012 skrev jeg følgende: *"I det efterhånden tomme hus faldt jeg i en dyb søvn i min lænestol fra 70'erne eller deromkring.*

Min mellemste søn stod op klokken 08.33. Han skyndte sig ud i et varmt bad, da der jo bare var 13 grader. Han har flere gange i løbet af dagen sagt, at han bare gerne ville blive her i huset. Dog blev han hentet af plejefaren. Åh, den stakkels knægt, han var ked af det, kunne jeg mærke, da vi krammede. "Vi ses", for så hårdt og længe plejer han ikke at tage fat i mig! Øv, pis altså ... Nå, men han skulle videre til "plejefamilien" efter en supergod påskeferie, og ja, jeg genkendte pludselig hele hans følelsesregister (av, det er så forbandet smertefuldt!!!), men han er nøjagtig, ligesom jeg var – "hårde gutter viser ikke følelser". Jeg stod nu der som far og var totalt magtesløs, men kunne ikke rigtig give slip på mig selv og min barndom/ungdom! For hvad hulen havde jeg dog gjort! Aaarrh …

"Jeg lagde det over til Gud", som jeg havde lært, og efter et par timer var det så min ældste søn og min datter til at hygge med deres daddy. Vi tog op i SuperBrugsen og købte 3 små mazarinkager til kaffen og sodavand. Der mødte vi "Jens Dranker", han ville også gerne være ædru og havde været i behandling. Han var da også et par gange ovre hos mig. Ud over 8 halvliters Carlsberg lå der også pænt en ½ liter cola på toppen og prydede hans veltilrettelagte øl. Han blev meget mærkelig i ansigtet, da han så, at det var mig. Det er aldrig morsomt at møde en anden, der nu er ædru, når det skulle være én selv, og så står man bare der med kurven fuld af det, man gerne ville væk fra, men ikke magtede lige nu alligevel. Med rystende hænder fik han betalt og forsvandt meget hurtigt derefter. Jeg prøver absolut ikke at lyde "frelst", for selv om jeg syntes, at alt var fantastisk, måtte jeg vænne mig til de "stemmer", der hele tiden var og er inde i mit hoved, fordi Thicken altid vil koge i min hjerne, og især nu, hvor alle bruger håndsprit, så tænder den da helt af, for hvis nu …

Hukommelsessvigt led jeg også en del af, til stor irritation for mig selv, dog vidste jeg, at den ville vende tilbage til min syge hjerne, så jeg igen kunne koncentrere mig på en nogenlunde fornuftig måde.

Den 12.03.2012 ringede jeg til Holbæk Kommune angående indskudslån på kr. 33.000,00, men alt det lå allerede klar til udbetaling (fedt!), så nu skulle jeg da ikke sidde på tomme ølkasser, ha ha …

Endelig kom dagen, hvor jeg skulle flytte, væk fra bondebyen, lugten af lort, druk og ensomhed, for bestandig. På samme tid var jeg lidt oppe og toppes med min x-kone, fordi hun og plejemoren ikke rigtig kunne sammen. Arme knægt, for ingen vidste helt, hvilken bombe der nu var blevet kastet. Næste dag holdt vi store flyttedag – Det var ikke, som jeg havde regnet med, men langt bedre. Stort set alle tingene blev flyttet på en gang (jeg ejede intet!), og min ældste knægt, som hjalp til, var lidt målløs, hamrende glad. Alt var nyt og spændende.

Endelig kørte jeg væk fra huset for allersidste gang, og nu startede mit liv for anden gang, men dette her skulle der værnes om, og ja, jeg ville være ædru og tage tingene i stiv arm. Om aftenen fik vi pizza. Min gode ven og min lidt undrende søn gik en tur, og der blev snakket om, hvordan hans far kunne gå fra at være konstant fuld til nu at have været ædru i snart et år og nu sidde i en lækker lejlighed. Knægten fik den mest pædagogiske forklaring, som kun en anden dranker kan give, og det hjalp, for nu faldt brikkerne på plads oppe i hans lille hoved, men samtidig var han bare 16-17 år og var faktisk kun vant til en far, som han tog sig af hver anden weekend, men også nær havde mistet. Nu gik jeg fra at være en fordrukken bonderøv i et nedslidt gammelt hus til at være lejer af den fedeste lejlighed på Sjælland (syntes jeg selv!). Jeg vil altid være min kammerat, hans kone og Mads Skjern osv. taknemmelige for, at jeg nu sidder her.

Åh, jeg elsker at vågne med min "havudsigt", mågerne, der skriger om kap. Ja ja, de er jo sikkert også lidt følsomme og pirrelige, på en fugleagtig måde. Endnu engang i ren ærefrygt kigger jeg op imod himlen og tænker: "Hvordan gør du??" Det flotte vejr fik mig til bare at stirre ud over vandet, og tankerne fik frit løb. Før i tiden, hvis folk skulle hjælpe mig med noget eller der kom en håndværker, blev jeg besat af angst, men nu, hvor det hele er ok, har jeg den største sindsro i kroppen. Der var så mange ting, jeg skulle og gerne ville nå, men jeg vidste også, at jeg nu måtte tage det vigtigste først, nemlig min ædruelighed, møderne i Fællesskabet, inden jeg skulle på McDonalds, i byen eller fræse rundt i Fakta og købe ind. Det der "handle-gen", som jeg også havde, da jeg var aktiv, var desværre fulgt med, og det skulle jeg i hvert fald arbejde med, så jeg ikke igen begyndte at købe mærkelige ting som: Kap- og geringssav, fodbolde og mange andre mærkelige ting, som jeg overhovedet ikke havde brug for, men nu var jeg jo opmærksom! Min kondicykel var blevet min nye afhængighed, men en god en af slagsen, så jeg oksede løs, så funktionen i mine ben blev bevaret, når jeg nu også havde sklerosen at slås med. Min x mente, at nu skulle jeg komme med til møde på kommunen angående min mellemste knægt, for "du er jo hans far!!!". Mit svar kom prompte: *"Nej, det skal jeg ikke, da I har så mange bolde i luften, at I ikke engang selv ved, hvad for en I skal gribe, eller hvor I skal starte! – Jeg nyder bare mine 24 timer for fuld power. Selvfølgelig hører jeg ofte djævlens lokkende ord, når jeg kører forbi et værtshus, eller alle de lokkende tilbud på de strålende flasker, der står i supermarkederne. Jeg siger højt hver gang: "Du får lortet, hvis du kan nå det! Rend mig ..." – og så er der ro oppe i mit hoved igen, indtil næste gang.*

Der var ingen falskhed over det smil, som jeg havde på læberne hver morgen, og min taknemmelighed og de to nye "ildsjæle", jeg havde fået i mit liv, var absolut også noget, der skulle værnes om. Tv og internet burde virke nu, men det vigtigste for mig lige nu er de 24 timer, der ligger for mine fødder. Ja, det er her livet starter, og faktisk synes jeg indimellem, englene synger ... Jeg havde boet i min nye lejlighed i et par uger nu og nød at køre rundt i det gode vejr og opdage, hvor alle de forskellige supermarkeder, kommunen eller biografen lå, og da jeg skulle ned over kantstenen, væltede jeg med minicrosseren (av min fod), og snart efter kom der 4-5 mand og fik mig op igen.

Mandag den 23.04.2012: Jeg havde haft et par dage i den ikke så gode ende af skalaen. Jeg havde bedt til at få styr på mine inderste frustrationer. Jeg fik trænet, gået på trapper, støvsuget etc. Min nye seng kom også i dag. Jeg satte mig og prøvede at finde min indre ro og lyttede til det nummer, Kim Larsen spillede til H.M. Dronning Margrethes 70-års fødselsdag, "Kom igen", og pludselig mærkede jeg, hvordan tårerne fik frit løb, og jeg kunne pludselig

30

mærke den forløsning, jeg fik! For hulen, det gik pludselig op for mig, hvad der egentlig var hændt mig i de sidste måneder! Aldrig har jeg følt så meget frihed før, og at jeg er kommet hertil så ufortjent, gik virkelig op for mig nu, endelig kunne jeg mærke den ægte lykke.

Selv om jeg nu var landet godt og var glad, taknemmelig og fri, var det stadig en seniorbolig, hvor man normalt skal være 55 år og opefter, som jeg kun var kommet ind i, fordi jeg havde sklerose og derfor havde brug for en elevator til den dag, hvor kørestolen skulle i brug. Nu skulle jeg vænne mig til brokkeriet, madlugten, sladderen m.v. Åh ja, jeg måtte til at bruge min "pyt"-knap, når en af de ældre kom jamrende, at vedkommendes vandhane sad løst eller der var et stykke afbidt ledning inde i skabet, som vedkommende ikke vidste, hvad man skulle bruge til. (Så smid dog lo…. ud!). Byggefirmaet gik konkurs midt i det hele. Selv om alt så færdigt ud, var det langtfra i orden, og hvem og hvor skulle pengene til alle de små reparationer nu komme fra? Spørgsmålene var mange: om en dør, der var utæt her, eller et skab, der manglede en hylde der, men nu, i skrivende stund, er der snart gået 10 år, og det er stadig et rigtig dejligt sted at bo.

Ved 9-tiden den 26.04.2012 blev jeg hentet af min kammerat, og vi kørte op til tatovøren igen, da jeg skulle farvelægges i 4 stive timer med en masse rød farve til kæmperosen på brystet (av, for sa…!). Det gav den vildeste koldsved på panden. Jeg fik også skrevet "24 hours recovery" på min højre underarm, for det var min nye levemåde, og den gamle, slidte tandbørste, som jeg ellers altid havde i bag- eller inderlommen, var nu smidt ud til fordel for en renlighed, jeg nu kunne stå inde for. Hvorfor nogle ædru alkoholikere lige vil have den der tatoverings-smerte, er måske, fordi den alligevel ikke er helt i nærheden af den smerte, man før konstant måtte gennemgå – ensom, forhutlet og følelsen af at være helt forkert til denne verden.

Jeg satte mig under emhætten med min kaffe og tændte en smøg, imens tankerne fik frit løb oppe i min fordrukne, men efterhånden lidt reetablerede hjerne: "HVORFOR OG HVORDAN?" var noget af det første, der kom til mig: Hvorfor er jeg efter 20-25 år i helvede pludselig kommet så stærkt igen? Og HVORDAN kan jeg pludselig sidde her i den fedeste lejlighed og hejse mit hovedgærde på min nye seng og kigge ud over den blå, solbeskinnede fjord? Jo, jeg kendte nu nok inderst inde svaret, og derfor er jeg Ham deroppe så dybt taknemmelig, og Han skal nok også sørge for, at jeg er ædru de næste 24 timer, så længe jeg bliver ved med at medvirke. En anden ting, som jeg også har lært, er, at hvis jeg er det mindste i tvivl om noget eller ikke er helt sikker på, om det er den helt korrekte løsning, jeg har valgt, så er det en god idé for mig at lave "spejlprøven" i 10 minutter. Da jeg jo er en af verdens største løgnere her på jorden, er det den bedste måde for mig at få sandheden frem på – jeg kigger mig selv direkte ind i øjnene i spejlet ude på badeværelset. Alt er stille i de 10 minutter, hvor denne kontakt kun drejer sig om mig. Lyver jeg? Så vil mit blik ikke kunne holde fokus på mine blå øjne. Men kan jeg mærke, at det, jeg har gang i, er rigtigt, får jeg en behagelig varme, der spreder sig i hele kroppen, der nu også føles virkelig let. Ikke alle kan dette, og overhovedet ikke alle er interesserede i at kigge deres egen personlighed i øjnene – alkoholiker eller ej!

Jeg fortsatte med at leve på den dejligste måde, jeg nogensinde havde gjort før, og holdt møder med visitationen angående rengøring, da jeg havde svært ved at vaske gulv og skifte sengetøj, men de mente ikke, at det var relevant nok endnu, så jeg kæmpede videre med mine gulve og min store dejlige elevationsseng. Små fejl og mangler på byggeriet blev udbedret hen ad vejen, og onsdag den 02.05.2012 ringede en mand fra en bank i Kalundborg, at han ville komme og se min nye lejlighed næste dag. Så næste dag om morgenen stak jeg af fra min lejlighed og gemte mig i en forretning langt væk, for han skulle ikke ind i min nye lejlighed med de nye møbler! Aldrig har jeg været så lang tid i den samme lampe-forretning. Og da jeg mente, den værste fare var drevet over, ringede min mobil da også i et væk. Jeg tog den og sagde, at jeg havde været nødt til at tage til Rigshospitalet, da jeg var *MEGET* syg på grund af min sklerose! (Nødløgn!). Bilerne drønede forbi ude på den parkeringsplads, hvor jeg opholdt mig, og jeg fortalte, at jeg var på vej op til undersøgelse. Siden den dag kom der mere fred over situationen, med banker, gæld og økonomi. Næste dag fik min kammerat historien om mit lille forsvindingsnummer ... Vi skreg af grin, for hvad nu hvis nu hr. bankmand lige skulle have været indenom den lampeforretning på vejen hjem? Ha ha ... Banditten i mig levede stadig i bedste velgående, og det vidste jeg jo inderst inde også godt. Jeg var ædru, men hellig og fejlfri ønskede jeg nu heller ikke at være. Boligsikring skulle jeg også søge. Så jeg ringede op til kommunen, og nu måtte damen gentage beløbet 3 gange. Hver gang fik hun det samme resultat, der ville blive sat ind på min NemKonto hver måned, sluttede hun. Wow, så ville jeg sidde med en husleje på under kr. 3.000, og regnemaskinen oppe i mit hoved kørte derudad ...

Den 04.05, 05.05 og 06.05.2012 havde jeg min ældste søn og datter på weekend. Jeg fandt nu på, at vi kunne gå ud til jem & fix og købe en kuglegrill med bord og det hele til. Det gjorde vi, og det blev en dag, vi sent glemmer, for kassen var kæmpestor, men den var jo nedsat, så den skulle jeg da ha'. De godt 1,5 km, vi havde hjem, føltes som 10 km, og vi måtte ofte bytte pladser på minicrosseren, men til sidst fandt vi ud af, at jeg da bare kunne stå op og styre, og hjem kom vi, selv om folk gloede på os som gale. Senere har jeg fundet ud af, at afhængigheden af størrelse, antal og mængde er fuldstændig ligegyldig, når bare det bliver mit og det er billigt.

Fra den 01.01.2012 til 11.05.2012 havde jeg kun haft 3 dårlige dage (ikke meget?), men nu var jeg også omgivet af de bedste mennesker, jeg nogensinde havde mødt, nye omgivelser og ja, det hele var skønt. Jeg følte virkelig, at jeg endelig var landet i et meget blødt smørhul og var omgivet af en masse kærlighed, som der manglede i mit liv førhen.

Fredag den 11.05.2012 skulle jeg endelig til "releaseparty" hos min kammerat – var tiden gået stærkt eller langsomt, var folk mon begyndt at tro lidt mere på mig nu? Åh ja, et nyt ord, som jeg havde svært ved at forliges med, var "tålmodighed", som jeg undrede mig over, at jeg ikke bare kunne købe i en forretning eller få på recept hos lægen.

Min kammerat læste det, som jeg havde skrevet og var kommet i tanke om i det seneste års tid. Alt af værste skuffe … Ud med lortet! Alt det, som havde givet mig mareridt, angst og koldsved i så mange søvnløse nætter på det år. Han fandt dog heller ingen huller i min fortælling, for jeg fortalte det hele lige fra hjertet, og jeg glemmer aldrig den lettelse, jeg oplevede bagefter, wow! Dagen efter læste vi hinandens "trinarbejde", som jeg syntes, var lidt kedeligt, fordi jeg har sklerose og derfor svært ved at sidde stille. Min kammerat grinte ofte, imens han læste det, jeg havde skrevet, og konkluderede så, at det fanme burde udgives, for han var i hvert fald ikke i tvivl om, at jeg var dranker.

Nå, men lørdag aften så vi "Leaving Las Vegas" med Nicolas Cage. Næste morgen var dagen, hvor "koen skulle sættes på græs" – jeg var fri, ædru og klar til at møde verden! Vi fik lavet en konklusion oven på weekenden, og jeg fik at vide, jeg aldrig mere skulle krybe for nogen som helst længere: RET DIG OP! Bliv stående, og tag konflikten, eller flyt din røv. BANG! En stor karton blev smækket på bordet, imens min kammerats kone lallede: "Så er der rødvin!", og jeg tænkte, at den slags er da bare typisk uheld for mig. Dog fandt jeg kort tid efter ud af, at det bare var økologisk, friskpresset æblejuice. Åh, min tilsyrede hjerne, ha ha ...

Næste dag kom visitationen og kommunen, jeg kom fra. De ville gerne have deres ting retur, men jeg måtte forklare, at de var livsnødvendige for mig, og hun virkede forstående samt ret empatisk, og hun ville straks sætte skub i tingene, så jeg blandt andet kunne beholde minicrosseren og komme rundt ude i samfundet. Jeg var begyndt at føle mig hjemme i Holbæk og nød den første weekend, hvor mine børn og jeg kunne grille ude på "balkonen".

Jeg fortsatte med min skrivning morgen og aften: "*Godmorgen, jeg hedder Johnny, og jeg er alkoholiker! Vågnede klokken 04.53 efter en meget livlig druk-drøm, som jeg er nødt til at få med her i mit 1. trin! Jeg står oppe i Dagli'Brugsen i Rørby med ½ liter Master Brew og ½ liter elefantbajer. Kassedamen spurgte, om det nu var smart af mig. Ork ja, jeg skal hjem og grille, og bagefter skal der ryddes op, og bordet skal tørres af osv. ... Manden bag mig (djævelen) havde det på nøjagtig samme måde, og han gav mig ret i, at jeg i så fald havde fortjent de to kolde, kondens-fugtige og dryppende kølige pilsnere efter alt det hårde arbejde, og han gav mig ret i det hele. Foran mig stod en anden mand, der så meget rar og venlig ud, og da jeg skulle betale med dankort, tastede jeg forkert 2 gange. Han stod og fulgte med i, hvad jeg tastede, uden at det generede mig overhovedet. Jeg opgav hele lortet og vågnede med totalt angstrelateret sved på panden – stod op og tænkte, manden foran mig var en skytsengel, og selv om jeg syntes, at han var lidt nærgående og nysgerrig, bad jeg ham alligevel ikke om at gå væk.*

Alt forsvandt på et splitsekund, og jeg vågnede op, taknemmelig
over, at det bare var endnu en drøm, men det er stærke kræfter, jeg
er oppe imod indimellem. Det er nok også derfor, at jeg går mere
op i min alkoholisme end min sklerose. Jeg er også stoppet med
forsøget med Gilenya. Jeg er så træt af piller, og de her tror jeg
ikke, har nogen særlig virkning, så jeg cykler hver dag i stedet for.

Lige på daværende tidspunkt var jeg ret ligeglad med rejser
sydpå, for jeg havde 42 grader på "balkonen", men åh, hvor jeg
nød det i små mængder. Min mellemste og jeg hyggede den week-
end. Vi tog ned og spiste i hovedgaden og gik derefter en lang tur
langs vandet, hvor vi snakkede om alt fra nord til syd. Stakkels
knægt – alt, hvad jeg havde været så meget imod, skete nu, og hans
forældre var uenige om, hvad der nu skulle gøres, og det kunne
han selvfølgelig mærke, øv!

Den 30.05.2011 fik jeg fat i det mest empatiske kvindemenneske
i telefonen (jeg og min fordrukne hjerne troede dog, at hun bare
flirtede med mig), som kunne guide mig hen til de rigtige men-
nesker, for der var ikke mere morskab tilbage i sprutten overho-
vedet. Det var nu et år siden, og jeg undrede mig selvfølgelig over,
at jeg var kommet så langt. Hvad så nu? Jeg havde en kampvægt
på 48 kg, og jeg lignede en gammel rynket rosin i ansigtet – jeg
måtte kæmpe med alt, jeg ejede, for at holde hovedet oven vande.
Jeg satte mig ofte ned og kiggede ud over fjorden, mens tankerne
fik frit løb, for nu havde knægtens mor ikke mindre end 12 perso-
ner på hendes sag, og selv om kommunen sagde, at jeg nu skulle
til at betale ekstra til dem, kunne jeg ikke rigtigt ryste på hånden
over noget, jeg ikke var involveret i, ud over hans medafhængig-
hed. Jeg kunne bare nyde den fantastiske røde solnedgang ude
vest på.

Ja, det var nok lidt overdrevet, et eller andet sted havde jeg jo nok
som minimum forventet, at dronningen kom forbi i Kongeskibet
med hornorkester, fordi jeg havde været ædru i et år! Men der
skete ikke en skid ud over de 2 møder, jeg var til i Fællesskabet,
så jeg kunne bevare min ædruelighed.

En kværulant var flyttet op på fjerde, og en dag overhalede han mig på cykel og råbte op om, at jeg skulle køre på fortovet, for jeg generede trafikken med mit køretøj. Jeg måtte fortælle, at reglerne var de samme som for cykler, og hvis der var mere i den sag, kunne jeg da ringe og få det bekræftet hos politiet. Nej, han ville bare have mig til at passe på og skulle lige have ordet *tåbe* med. Jeg sagde, at jeg syntes, at han skulle flette næbbet, for jeg havde kørt på minicrosser i 16 år på det tidspunkt. Vi ønskede hinanden en god dag, selv om jeg skulle bruge en times tid, før jeg faldt helt ned igen. En dag gik jeg op til kværulanten, der havde svært ved at klappe i, når han så mig. Jeg spurgte, om han havde 5 minutter, for nu syntes jeg sgu ikke, det var morsomt længere (han var ikke jublende glad!), men efter en lille ½ times snak frem og tilbage kunne vi grine, og jeg fortalte ham, hvad jeg var for én, og han var vildt begejstret. Vi skiltes som venner, og denne gang var jeg sikker på, der ikke ville blive mere ballade – og dog.

Min knægts sagsbehandler, Dorit, startede dagen med at fortælle, at nu skulle jeg betale kr. 1000,00 + børnepenge hver måned, så længe han var i plejefamilie. *Sådan er reglerne!* Fuck hende, og bagefter ringede jeg til hans mor, som gav mig ret. Det endte med, at jeg tog et møde i Fællesskabet i Kalundborg, hvor Lotte fra BS også var mødt op efter endnu et tilbagefald og skilsmisse, og hun græd under hele mødet, men man siger også, at man skal miste alt, før man når sin personlige bund og er villig til at kravle "op af hullet igen", og sådan havde jeg også følt det på egen krop. Bagefter var der nogen, der tog sig godt af hende. Egentlig morede jeg mig lidt over pludselig at mærke andres "kæmpe problematikker", som jeg efterhånden næsten altid kunne finde en løsning på, og derfor ville jeg også gerne lytte, råde og vejlede, hvis jeg kunne, når nogen ringede. Indimellem måtte jeg dog "trække stikket ud" og give mig hen i en anden verden, nemlig den, hvor læsningen af James Lee Burke kunne få mig til at glemme alt om tid og sted. Jeg var ofte så opslugt af hans krimier, at jeg slet ingen aftensmad fik og heller ikke fik set den skønne solnedgang den dag. Han blev også min inspiration til at begynde at skrive overhovedet, for selv om mit hoved var fyldt op med tanker og ideer, anede jeg ikke før 10 år efter min overgivelse, at jeg faktisk ville blive ret glad for at skrive, og jeg kan mærke, hvor langt det har hjulpet mig efterhånden. Der er så meget ædruelighed i det. Taknemmeligheden drev ned ad mine vægge, og ydmygheden blev større og større. Jeg så den direkte ind i øjnene og vidste, at det her kunne føre til noget endnu vildere på et tidspunkt, og jeg havde bare været ædru og clean i lidt over et år.

Jeg har gudskelov altid været glad for træning, så over år og tid købte jeg både cykler, vægte, gå-/løbebånd, træningsbænk, romaskine og boksepude ned til kælderen, hvor der var et rum, som ikke rigtigt blev udnyttet, og så slog jeg til og tænkte: Motion er godt for alle, og jeg skal bo her i mange år, så hvorfor ikke? Beboerne i ejendommen syntes også, ideen var god (nogle mere end andre). Langsomt men sikkert kom jeg i form og havde meget mere energi, også på trods af at sklerosen, der indimellem var ved at drive mig til vanvid.

Endelig skete der lidt i ejendommen igen, torsdag den 21.06.2012. Jeg blev banket op klokken 22.03 af Hanne & Käte (årets par). Nu havde "ham den væmmelige mand", der også boede oppe på fjerde, sagt, at de stank som et helt bordel, og ifølge Hanne, der vist hverken kendte komma eller punktum, havde han "sjoflet" dem til, og de var rigtig bange for ham. Käte blev så dobbelt-bange, fordi hun i tidernes morgen var stået på hovedet ned i en lyskasse inde i København og havde taget stor skade, men hun prøvede virkelig at tage sig sammen i det år, hun boede her, inden hun til sidst måtte på plejehjem. (Jeg kaldte hende "Käte kuk i kysen", og Hanne kaldte jeg "Firkanten", bag de lukkede døre altså … Åh, jeg griner, når tænker tilbage på de to kvindfolk …).

Jeg var ryger, men var virkelig ilde til mode over det, for jeg vidste godt inderst inde, at det gik direkte i mine i forvejen ret smadrede nervebaner, og så startede mit rysteri, men jeg lod bare som ingenting, selv om jeg mærkede et stort had til cigaretterne, og derfor prøvede jeg en kort stund med pibe, men føj, det magtede jeg da slet ikke!

Min x-kone ringede den sidste dag i juni 2012 og indrømmede sin medafhængighed, og derfor tog hun og min datter på kursus for medafhængige i Jylland. Tja, det har jeg ikke rigtig forstand på. Og min mellemste knægt ringede nede fra Italien og fortalte om sin campingferie i 35 graders varme, lige ud til havet, og han lød dejlig glad.

Nu, hvor jeg havde været ædru over et helt år, mente jeg efterhånden også godt, at jeg kunne give lidt af min sammensparede viden videre til en anden alkoholiker, så jeg kastede mig bare ud i det – uden at undersøge noget som helst om personen. For mig var der "spader" og "ikke-spader", og det foretog jeg så et valg ud fra … Ikke så smart og lidt dyrekøbt erfaring, for i min naivitet havde jeg glemt, at vi alkoholikere er så forbandede og løgnagtige på samme tid, og han kastede mig godt rundt i manegen med alle sine undskyldninger og løgnehistorier, så det varede ikke længe, før jeg måtte melde pas over for ham. Lige på det tidspunkt var han "verdens centrum" og mente, at alt drejede sig om ham selv, ligesom alle alkoholikere gør.

På det tidspunkt gik jeg til mindst 3 møder om ugen i "Det ædru fællesskab", for der var rigtig mange ting, der skulle laves om og optimeres. Jeg nød, at jeg altid fik noget nyt at tænke over, når jeg drog hjemover igen. Det har også hjulpet, at jeg har lært kun at putte *de brugbare ting i min rygsæk* – i modsætning til før, hvor alt bare blev gemt og dyrket.

En dag havde jeg været på apoteket, og da jeg skulle til at køre hjem på minicrosseren, begyndte det at dryppe mere og mere – indtil himlen virkelig åbnede for sluserne. Jeg skyndte mig ned under viadukten i Nygade, så jeg kunne mærke tørvejret igen. Pludselig kommer en dame på cirka 60 år over og spørger, om der er noget i vejen. – Nej nej, jeg venter bare på tørvejr, og nok også, fordi hun kunne se, at jeg var drivvåd og et stort grin. Pludselig fræsede hun videre ud i regnen og råbte af sine lungers fulde kraft: "*JEG ELSKER REGNVEJR!*". *Tja, et godt humør smitter ...*

Selv om jeg langsomt var begyndt at nyde mit eget selskab, var det nu også hyggeligt, når nogle af mine nye ædru venner kom forbi i godt humør og med morgenbrød, inden turen gik til endnu et "drankermøde".

Søndag den 15.07.2012 fik jeg min ældste søn og min datter på sommerferie i 3 uger. Åh, jeg var ikke vant til at køre i det gear, som især "den lille frøken" havde lagt for dagen. Is, slik, Tivoli og MD – NU! Vi fik en god snak, for jeg kunne da ikke følge med i det tempo i hele sommerferien ... Hun blev selvfølgelig lidt ked af det, men efter lidt tid kom hun og sagde, at hun måske godt forstod, at jeg ikke kunne følge med i hendes tempo i 3 uger, men sådan var hun bare vant til at leve, og så slog hun et kæmpe grin op!

Den aften blev helt anderledes rolig, og vi hyggede os alle 3 med at grille pølser.

Glæden over livet blev større og større, og indimellem føltes alting så let, at jeg blev helt euforisk, og tankerne gik så på: Er det bare det??, og så vidste jeg, at det var et nyt faresignal at tage for let på tingene.

Nede i behandlingen var jeg begyndt at snakke ret godt med en pige, der hed "Gitte". Hun var nu egentlig meget sød, og vi endte da også med at være lidt "B-venner". Og det er indimellem en lidt dårlig idé, når begge lige har haft alkoholen lidt for tæt inde på livet, så vi hyggede bare med at tage til København og spise god mad samt gå rundt og snakke om, hvad vi egentlig lige havde lært i de 8 uger, osv.

Tænk sig, søndag den 22.07.2012 tog mine 3 børn og jeg ud til stranden, og jeg jublede indvendigt, da vi alle fire kom i vandet. Og selv om jeg var stiv af kulde efter en lang svømmetur, var det endnu en sejr at kunne vise dem, at jeg havde det overskud, der skulle til, for at vi alle kunne have det godt. Om aftenen tog vi på Cafe Zehros og fik noget lækkert mad.

Der begyndte dog i den tid, hvor mine børn var på sommerferie, at gå lidt "hypokonder" i den, for alle de småskavanker pga. sklerosen begyndte at kunne mærkes: uro i armene, smerter i mine fodled om natten og morgenen, rystelserne osv. Nu lagde jeg virkelig mærke til det, men gjorde ikke rigtig noget ved det, for lægen ringede jeg jo kun til, hvis jeg virkelig var syg! (Gammel adfærd!). Min lille veninde ringede tit for at få råd af mig, for det var svært for hende at få programmet ind under huden, og jeg gjorde, hvad jeg kunne, og forklarede, at det hele kun drejede sig om i dag, men i stedet lavede hun det hele om til et stort problem, for der var ikke noget håndgribeligt, hun lige kunne hive ned fra en hylde i supermarkedet.

Sommerferien var slut, og jeg bestod den råben og skrigen, som jeg før var flygtet fra igennem masser af sprut, for så var ens hørelse og tilstedeværelse blot noget, der engang virkede, og som bare lige pludselig var så totalt bedøvet, men jeg kunne godt mærke, at jeg trængte til at finde mig selv igen.

Det andet store problem (rygning) kunne jeg simpelthen ikke regne ud, hvorfor jeg dog ikke bare kunne stoppe, når jeg nu blev så dårlig af det. Nu gav en fra Fællesskabet mig NADA, men de nåle kunne han da lige så godt stikke i en gammel nålepude, for da jeg kørte hjem drejede jeg da lige indenom Shell og købte 20 rød LA lang. Nå pyt, for det andet var mere important og det vigtigste først. Jeg begyndte at gemme dem oppe i de øverste skabe, så jeg først skulle op på en stol for at nå dem. En dag trådte jeg forkert og landede på gulvet med et brag. Jeg slog min skulder lidt, men ellers var jeg klar til at ryge videre de næste mange år og mit rygestop-projekt ophørte.

Gitte havde det som sagt ret svært, og ordet "ærligheds-program" var hun vist ret ligeglad med også … En aften kørte vi ned for at leje en DVD-film, og mens vi står der, ser jeg hende tage en kæmpe håndfuld slik ned i jakkelommen, ups! Hun græd, da vi kom hjem, og sagde, hun var rigtig flov, men at hun nu havde lært, hvad ærlighed var. Onsdag den 08.08.2012 tog vi ud og fik mad hos min gode kammerat og hans kone. Snakken gik, og pludselig

41

udbryder Gitte: *"Ja, jeg er for øvrigt også regionsmester i tilbagefald!"* Min kammerat og jeg kiggede på hinanden, for vi vidste godt, hvad klokken nu var slået. Den 11.08.2012 skulle jeg til min kusines bryllup, og her skulle jeg virkelig passe på, men det gik så godt hele vejen igennem. Vi fik god mad, og klokken 21.30 gad jeg ikke rigtigt mere og tog en forudbestilt Flexbus hjem til Holbæk.

Nu var jeg kommet til den konklusion, at jeg ville have både frisk luft og masser af motion, så jeg havde fundet en sej 3-hjulet handicapcykel på nettet, der ankom den 16.08.2012. Åh, hvor blev jeg glad, da den kom, og inden længe kørte jeg ud mod Megacenteret. Desværre knækkede pedal-spændet, og jeg måtte køre hjemad igen. Ikke det nemmeste, når cyklen vejede 40 kilo uden hjælpemotor, og ens "stænger" var trætte og sklerose-agtige. Jeg sendte en reklamation til Cykel Orla. Byttede pedalerne ud med dem fra min kondicykel, så den virkede igen (fedt). Jeg var så stolt af den, fordi den var bevis på min ædruelighed.

Ugens opgave: *t*ålmodighed *og sindsro*

Jeg gjorde meget for at prøve at gøre tingene ordentligt, især når det drejede sig om TÅLMODIGHED og SINDSRO. Jeg var da sikker på, at det var klaret på et øjeblik, men stod jeg så pludselig i en situation, som var udenfor den sikre og trygge zone, startede min angst, og jeg var klar til at give et verbalt anfald, altså virkede sindsro overhovedet ikke! Andre gange var jeg rigtig utålmodig og syntes f.eks., at tingene burde virke *"fra i går"*. Nej, ting tager tid – det samme gør tålmodighed og sindsro! Jeg sidder nu med 10 års ædruelighed, og jeg er ikke udlært endnu i noget som helst, især ikke indenfor tålmodighed og sindsro, men selvfølgelig bliver det langsomt bedre hen ad vejen, og jeg tror nu også, at erfaringen og ens alder hjælper til hen ad vejen. Jeg begyndte at skrive den her bog, og pludselig tog jeg mig selv i en diskussion om, hvor lang tid der ville gå, før den var færdig. Det var overhovedet ikke relevant, da jeg elsker at skrive. Det var min tålmodighed, der bare ikke havde lyst til at vente længere ... eller det har været en langsommelig og noget af en dræbende proces at gennemgå indtil nu. Livet som ædru går op og ned for mig, men jeg ved, at jeg hører til i den heldige ende af dette. Små problemer skulle helst have været løst i går osv. Før i tiden flygtede jeg fra selv det mindste ansvar gennem mit hovedstof, alkohol, for jeg magtede ikke at skulle slås med problemerne, og tålmodighed ejede jeg ikke. I dag flygter jeg ikke, men møder tingene i øjenhøjde takket være Fællesskabet, programmet og Gud. Jeg synes dog stadig, det er morsomt, at jeg i min spæde start som ædru gerne ville have 5 års ædruelighed som tak for, at jeg havde været så venlig at komme! Øv, sådan fungerer det desværre ikke, men 24 timer var jeg da blevet lovet.

Jeg havde selvfølgelig mange kreditorer på huset, og der skulle ikke så meget til dengang, for at jeg syntes, det hele var ret vanskeligt, for i mine aktive drankerdage var gæld lig med slåskamp, og jeg var endelig på vej væk fra den sti i mit liv, så det var en lidt mærkelig og grænseoverskridende tid, som jeg dog hurtigt vænnede mig til, for "man kan jo ikke plukke håret af en skaldet!"

Ugens ord: *benægtelse*

I mine aktive dage syntes jeg selvfølgelig, at det var helt forkert, når folk sagde: *Du drikker alt for meget!* Jeg benægtede alt og følte, at folk var fulde af løgn, for min egen retfærdighed lød på: *Jeg har da fortjent en enkelt eller to eller tre ...* selvom jeg inderst inde godt vidste, folk nok havde ret.

Livet i Holbæk fortsatte, og jeg var lykkelig. Jeg vågnede nu op med en total fred omkring mit liv, og den ro, jeg nu havde fundet, gjorde, at der kom mere og mere overskud, som jeg bare kunne nyde. Mit tidligere gemte "strudsehoved" var igen oppe af jorden og ude i samfundet. Nogle gange løb jeg dog panden mod en mur ved at glemme mig selv og hjælpe alle andre i stedet for.

Konsekvensen for mig blev, at jeg "trak stikket ud" et par dage og dyrkede noget "egenomsorg", masser af søvn og hvile, hvilket virkede helt fint og efter hensigten.

Nu, den 31.08.2012, havde jeg været ædru i 1 år og 3 måneder og takkede Gud, Jens Vejmand, Joda, Mr. Swing King og Pianomand m.fl. for, at jeg af en eller anden fantastisk årsag var nået hertil. Jeg var alle mine tidligere ædru-rekorder langt overlegen. Min nye positive indgangsvinkel til livet var langsomt blevet bygget op, én dag ad gangen.

Nogle ville gerne bare kunne bygge en kopi af mig, for det var jo det nemmeste, og så var man fri for selv at yde. Mit tidligere kvindelige bekendtskab prøvede, men kunne ikke gøre mig kunsten efter og gik på en kæmpe druktur, øv!

Jeg fortsatte min udvikling og arbejdede med mig selv, så snart jeg vågnede om morgenen. Der, hvor jeg var dengang, er slet ikke det sted, jeg er i dag, rent udviklingsmæssigt.

En dag i starten af september tog jeg ned til Karrebæk "Drankerhjem" til et åbent arrangement med spisning i det fri. Nu var det 1 år siden, at jeg havde været i behandling der, og desværre var meldingen, at nogle var døde af alkohol og piller, så vores hold var nede på 4 ædru ud af 12 (ret dårlig statistik!), og i 2013 var vi kun 3 tilbage, ak! Gensynsglæden mellem behandlerne og mig var stor, og jeg kunne med glæde fortælle, hvor godt det gik med min dagligdag, i min nye lejlighed osv.

Ugens ord: *selvmedlidenhed*

Ordet hørte typisk til en alkoholiker som mig, imens jeg endnu var *aktiv*. Alt var mange gange "rent lort". Jeg vågnede altid tidligt og rystende af abstinenser og fik så vodkaflasken op til munden. Ofte var det bare min sklerose, der fik skylden, og åh, hvor var det altså synd for mig. En anden typisk ting var selvfølgelig pengene, der var væk pga. druk, fest, damer, stoffer og spil. Nu var der en tom pung tilbage – åh, hvor var jeg altså dum & lille nu …

Fredag den 07.09.2012 tog min ældste søn og jeg i Kvickly, og vi fik købt en masse til vores "herre-weekend", men da vi kommer op til kassebåndet, kører jeg for tæt på med min minicrosser. Den tager fat og begynder at accelerere, stille og roligt. Damen foran begynder at råbe og skrige op om, at jeg skulle lade være med at køre på sådan én, før jeg havde styr på den. Jeg fik den hurtigt under kontrol og undskyldte helt vildt, selv om den ikke havde rørt hende overhovedet. Hendes mand eller kæreste kiggede pinligt ned i jorden pga. hendes opførsel! Kassedamen grinede og sagde: *Hold da op et temperament! Der skete jo ikke noget.* Knægten og jeg blev enige om, at det "nok var den tid på måneden", og grinede af episoden. Efterhånden var der også en positiv forandring med mit temperament, som var blevet nemmere at styre i situationer som disse, hvor jeg blev verbalt overfaldet.

Jeg fik hurtig lært "at tage vattet ud af ørene og putte det i munden", så jeg kunne høre efter, hvad der blev sagt! Mine vigtigste 24 timer var atter kommet så ufortjent til mig, og det skulle bare nydes, som om det var den sidste dag på Jorden.

Som lidt ny-ædruelig fik jeg mange små syrede oplevelser, uden jeg var på noget som helst euforiserende. En morgenstund sidder jeg ude på min altan og nyder tankerne, stilheden, lige bortset fra to store måger i endnu en magtkamp, den vitamin-givende sol osv. Pludselig dukker den smukkeste regnbue op på himlen og forsvinder lynhurtigt igen. Åh, hvis det skulle være Gud eller en anden, der måske lige ville vise, at de stadig var med mig, havde jeg lige haft en ret vild oplevelse, som jeg bare havde for mig selv, så andre ikke ville tro, at jeg nu var blevet helt gakgak …

Min mellemste og hans mor havde nu valgt, at han skulle hjem at bo igen. Jeg var ikke særlig interesseret, da det kun var småting, jeg blev involveret i. Jeg var magtesløs og sagde rent ud, at hvis det fortsatte i det spor, kunne det gå grueligt galt. Det skulle senere vise sig, at jeg fik ret, nogle år senere ...

Det var nu tid at møde op i retten, da jeg jo ikke havde en chance for at betale mine kreditorer på huset. Intet var dog, som jeg havde forestillet mig. Fantasien havde bildt mig ind, at jeg skulle sidde der i kørestol ved siden af afhørings-stolen, mens dommeren sad der på en fin stor stol og knaldede sin hammer ned i bordet og råbte "ro i salen!", når jeg havde afgivet min forklaring. Næh nej, i stedet blev min kammerat og jeg sendt ind i et "klasseværelse" med 2 kvindelige dommere, som bare spurgte, om jeg var i stand til at betale. "Øh, nej!" fik jeg fremstammet lidt skuffet. De fik mobilnummer og e-mailadresse. Så var den sag slut på 6 minutter.

Jeg var begyndt virkelig at tro på noget, der var større end mig selv. Jeg var begyndt at folde mine hænder og tale til en, der hed Gud, om morgenen og bede om styrke og hjælp til at komme helskindet og ædru igennem dagen. Jeg takkede om aftenen, når jeg var kommet i seng, for, at dagen var gået godt. Måske var jeg ændret noget på det område? Det hjalp mig i hvert fald. Jeg havde stadig vanvittig meget respekt for sygdommen alkoholisme, da den stadig ville kunne slå mig ihjel, hvis jeg ikke passede på min "daglige ædruelighed" og min egen indre ro.

Den måde, jeg havde lært at være ædru på, blev kaldt "russer-metoden", dog med en kugle i hvert kammer. Havde jeg lyst til at trykke på aftrækkeren (drikke)? NEJ!!!

En anden morsom oplevelse havde jeg lørdag den 29.09.2012. Jeg og en anden fra Fællesskabet tog til København for at spise på en græsk restaurant. Jeg valgte noget lammesteg og spurgte tjeneren lige inden servering, om der var sprut i sovsen, da jeg jo ikke kunne tåle det. JA, den er lavet på rødvin for at give farve, men alkoholen er brændt væk, hr.! Hold da kæ..! Der var jo sovs über alles ... så jeg begyndte at sidde og tørre mit kød af i servietten, spiste min salat og lod en halvspist tallerken stå. Åh, jeg havde 30 stemmer inde i mit hoved nu og kørte derefter til Ryesgade 107 sammen med min ven, der også var ædru alkoholiker.

Sukkertrangen fortsatte, og en dag jeg var landet i Netto, lå der lige en dagmartærte på min vej. Jeg rullede den sammen til en rullekebab og nærmest slugte den sammen med noget Matadormix og Coca Cola. I dag kan jeg se den nye afhængighed, jeg havde fået i stedet for alkohol, hash og piller … skulle jeg så have blodpropper på grund af fedme nu? Jeg havde lige fået livet for anden gang, og det ville jeg ikke misbruge. Jeg ville spise sundt og dyrke masser af motion i stedet for. Dog var jeg stadig ryger, hvilket jeg virkelig "nød" sammen med masser af kage – nej, hvor ville jeg dog kunne blive gammel, når jeg passede så godt på min krop! (not!). Åh, det tog mig mange år at forstå, at det ikke er din krop, der mangler "dagmartærte", men din hjerne, der gerne vil snyde dig, ligesom med alkohol og stoffer. Dit "Thiq" (belønningscenter) vil gerne have sin vilje konstant, og om du bliver fed og kvabset og får blodpropper eller andre livsstilssygdomme, eller om du drikker eller junker dig ihjel, er netop dette center fuldkommen banke-hamrende ligeglad med. Bare lige netop det center kan få sin vilje.

En anden, mindre vanskelig opgave var i de fem dage i oktober 2012, hvor mine 2 mindste børn (hunden & katten, som jeg indimellem kaldte dem) havde efterårsferie. Åh gud! Alt strittede på mig, når de begyndte deres magtkampe, og selvfølgelig kiggede jeg rundt efter det, hvor den tidligere tryghed og forståelse lå (flasken). I stedet måtte jeg nu tage affære, for mit hoved ville nu også kun et, men fornuften var gudskelov stærkest, så to timer før de skulle med toget hjem, sagde jeg "afgang!"

Selv om jeg var kamp-smadret i mit hoved af de der evige børnestemmer fra de to – min datter på 9 og knægten på 12 – forstod jeg dem egentlig godt, for de var begge to i en "lømmelalder", og nu var der håb for, at ham deres nye far måske ville holde sig ædru denne gang.

Den 24.10.2012 blev jeg så 40 år, og nu skulle jeg være ædru på sådan en rund dag! Det var en lidt mærkelig følelse, for hele formiddagen havde jeg kun fest, sprut og masser af coke i hovedet. Det var meget anderledes, men virkelig godt for mig og virkelig skidt for det sprut-monster, der skulle leve side om side med Gud, skytsengle og andet åndeligt, der ville mig det bedste. Jeg havde alt det bedste hos mig nu, så hvorfor overhovedet tænke den tanke at gå på druk nu? Dagen ville overhovedet ikke blive mere morsom, fordi jeg drak, men i stedet kunne jeg nyde, at min gode kammerat kom og opsatte en flot "sindsrobøn" på min hvide væg. Den hænger der selvfølgelig stadig, og den betyder lige så meget for mig, som Mona Lisa betyder for Louvre i Paris.

Jeg havde boet i Kalundborg siden den 12. august 1978. Jeg kendte byen som min egen baglomme, og uanset hvor jeg kiggede hen, kunne jeg som regel finde et eller andet dårligt minde, og sjældent kunne jeg finde et sted, hvor jeg ikke havde drukket bajere eller røget Grøn Cecil som 12-årig, eller andre dårlige og mærkelige ting fra min barndom og senere i livet. Jeg kan ikke særlig godt lide byen længere på grund af alle de dårlige minder, der konstant minder mig om dengang. Det siger selvfølgelig mere om mig end om den dejlige gamle handelsby med den fine 5-tårnede kirke, hvor jeg bl.a. blev både konfirmeret og gift engang, og et par af mine børn er også døbt der.

Ugens ord: *ros*

Ros en, du holder af! Av, den var værre, for at rose andre har sgu aldrig været en af mine stærke sider, og derfor er det et rigtig godt ord for mig, da jeg stadig finder sider af mig selv, som sagtens kan blive bedre og udvikles med tiden. Negativ kritik er selvfølgelig meget nemmere …

Dagene gik, og jeg fandt ud af, at jeg indimellem var i nogle lidt underlige situationer, som jeg havde pådraget mig ved næsten altid at gå fuld i seng førhen, for pludselig følte jeg utryghed ved at ligge alene i min dobbeltseng. Derfor gik jeg ofte ind i min "Burke"-stol og tog min nattesøvn, da jeg kunne føle tryghed der.

En dag tog jeg ned på et af de værtshuse, jeg af og til kom på. Jeg gik op og spurgte efter ejeren. "Hej Johnny!" – "Hej", sagde jeg og lagde de kr. 4700, jeg skyldte, på disken og fortalte ham, at jeg havde kastet håndklædet i ringen for over 1½ år siden, og at jeg bare gerne ville betale min regning fra dengang. Han begyndte at grine, tog pengene og lagde dem tilbage i min hånd. "Jeg er så glad på dine vegne, Johnny!!! Bare lov mig, at du ikke viser dig her mere." Jeg syntes ikke lige, at han kunne være det bekendt, for jeg kendte jo mange, der kom der, og nu måtte jeg ikke komme der mere? Først da jeg sad i toget på vej tilbage til Holbæk, faldt tiøren! Han vidste, at der var alt for mange fristelser for en ny-ædru alkoholiker, og selvfølgelig havde han da ret.

Som sagt fik jeg cyklet en del på min kondicykel, da det nu var min nye afhængighed. Dog lagde jeg meget mere mærke til de smerter, jeg egentlig aldrig før havde lagt mærke til. Jeg blev som aktiv opereret for lyskebrok i 2008, og nu lagde jeg pludselig mærke til, hvordan den gaze, der var lagt ind under huden, indi-mellem sad og "gnavede", og min hud var irriteret. Dog lærte jeg hurtigt at acceptere den nye følelse.

Stedet, hvor jeg bor, har 15 lejemål og et fælleslokale i ejendom-men. Der var nu blevet lavet en bestyrelse, hvor jeg var blevet suppleant. Jeg havde siddet i beboer- og skolebestyrelser osv., da mine børn var små, men gjorde jeg det også kun for at få øl før, under og efter møderne, som faktisk kedede mig enormt meget. Nu skulle jeg sidde og lytte til de ældre og deres behov.

Jeg havde nu været ædru i 1½ år og havde arbejdet benhårdt med mig selv hver eneste dag, og selvfølgelig kunne jeg mærke en forsigtig fremgang i ædrueligheden, da det var et kæmpestort ønske i livet.

Den 30.11.2012 kom min mellemste knægt, hans fætter og min datter. De to drenge snakkede i et væk, og pludselig spørger min datter, om jeg vil hjælpe hende med at lave en opgave, hun har for i skolen. Øh ja, selvfølgelig ... Den handlede selvfølgelig om sklerose, og jeg tror, set i bakspejlet, at det var hendes måde at komme ind på livet af sin far igen. Drengene viste mig også mere og mere tillid, og det varmede rigtig meget.

Åh, jeg blev selvfølgelig ved med at have de der "drukdrømme", og en nat havde jeg virkelig travlt, for min halve guldøl, som var blevet væk, måtte findes NU! Jeg var til alverdens fester, på diskoteker, værtshuse osv. for at finde min halve guldøl, men den var væk, og når folk sagde, at jeg da bare kunne tage en på deres regning, blev jeg fornærmet, for det var jo ikke den rigtige.

Jeg syntes også, der var reklamer for sprut alle vegne det år. En dag, da jeg var kørt i Føtex, så jeg et par godt hærdede drankere, der var kampstive med den blåviolette ansigtsfarve og nogle hæse stemmer fra sprut og en masse smøger, som man jo risikerer at få med tiden. De to midaldrende havde vist fået sig et lille problem, for der var ikke flere nisseøl tilbage til juleaften, og de skulle nok holde lav profil den dag. Jeg oplevede desværre også, hvordan et ægtepar blev helt vildt uvenner, fordi han ville have de 3 flasker rødvin, som han havde fundet til juleaften. Konen sagde bestemt nej, da hun ikke gad at glo på en pissefuld stodder igen og slet ikke juleaften, hvor der kun var de to. De blev uvenner, og han skred ... Ja, det med, at man ikke kan få sprut nok, var meget genkendeligt.

Ugens ord: *erkendelse*

Ja, det var noget, der tog sin tid, da jeg først var inde i Fællesskabet, også selv om jeg vidste, at jeg var "drukket i bund". Alt, hvad jeg gjorde, var efter bedste overbevisning, også selv om det ofte endte op i ren lort og lagkage. Hvad jeg ikke vidste dengang, var, at jeg rent udviklingsmæssigt stadig var rigtig langt bagud, og takket være hjælpen til erkendelsen, kan jeg i dag tage mine forholdsregler, og udvikle mig hver dag, samt udvide min horisont og sætte pris på, at jeg har fået en ny chance.

Det er ret vildt at læse i min mappe fra 2012 om mine kære børns følelser, og hvad der er foregået inde i deres små hoveder dengang. De har alle 3 fortalt mig om deres vrede eller undren, når de f.eks. var i skole. De kunne sidde og kigge ud ad vinduet og tænke: Drikker far mon nu? Ligesom jeg selv gjorde. Jeg havde givet noget af min egen indre smerte videre (flot!), men det tænkte jeg aldrig på dengang. I dag, hvor de er voksne, ved de, hvor de har mig, og at der intet er at frygte længere, så længe jeg bliver ved *med at arbejde med mig selv på daglig basis.*

Julen 2012 foregik her sammen med mine børn og hende G fra min behandling.

Vi var vistnok bare gode venner efterhånden, og vi havde allesammen en god aften.

Reglerne foreslog, at jeg det første år skulle anskaffe mig en potteplante og holde liv i den igennem et helt år, hvorefter jeg måtte anskaffe mig et kæledyr, og tredje år måtte jeg få en kæreste. Den rækkefølge fik jeg dog hurtigt vendt på hovedet.

I løbet af det år fik jeg cyklet 1075,84 kilometer! Meget godt gået af en skleroseramt efter ca. 17½ år! "Jeg kan, jeg skal, og jeg vil" er mit motto, og måske er min vilje, min stædighed og et kæmpe fighterhjerte samt et stort temperament skyld i, at jeg er her, hvor jeg er i dag. Men hvis jeg ikke forsøger at blive bedre hele tiden, sker der heller ikke noget som helst. *Folk siger ofte om mig, at "hvis jeg var lammet fra halsen og ned, ville jeg bruge al min tid på at prøve at regne ud, hvordan jeg kunne komme i gang igen!"* – og det har de vist meget ret i, for jeg piver ikke over min situation, men får altid det bedste ud af dagen. I skrivende stund sidder jeg med en halv-lam venstre hånd, men mit fantastiske "tofingersystem" (venstre pegefinger og højre langfinger) virker.

Året 2013 var nu i gang, og jeg var lykkelig over min situation.

Jeg passede mine møder mindst 2 gange om ugen. Jeg skrev til mig selv, godmorgen- og godaften-hilsen, for blandt andet at fortælle mig selv, at jeg hver dag ikke var andet end en lille ynkelig misbruger, der hverken skulle drikke eller fylde min krop og hjerne med THC, amfetamin, og om aftenen for at skrive, hvordan dagen var gået, og om jeg havde lavet nogen nævneværdige fejl, som skulle rettes fremadrettet. Maks. 4-8 linjer hver eneste dag, og jeg bevarede mit lyse sind, der har båret mig hertil, hvor jeg er i dag.

Ja, jeg var ryger – ca. 20 røde Cecil om dagen eller røde Skjold, når mine penge ikke skulle gå op i røg. Jeg stoppede et hav af gange uden noget positivt resultat. Jeg læste Allen Carr, som provokerede mig nok til at læse hans megairriterende gode bog 3 gange efter hinanden. Jeg fik NADA-nåle og lignede et hulepindsvin, fik masser af nikotintyggegummi på 4 mg og sugetabletter, men det hjalp heller ikke. Jeg opgav kampen, selv om jeg rystede som en nyfødt Bambi, når nikotinen kom rundt i kroppen, og nervetrådene lige fik et wakeupcall. Jeg røg videre, for noget ville jeg da have, når jeg nu ikke kunne drikke længere. Jeg forsøgte at ryge pibe (Original Choice eller Rød Orlik) uden resultat. Fuck det, og jeg måtte fortsætte min rygning endnu nogle år ... hmm!

Mandag den 07.01.2013 ringede min mobil. "M. Tøsen" stod der på displayet. "Hej far, må jeg godt komme ind til dig på fredag efter skole?" Den havde jeg ikke lige set komme! "Øh ja, men der kommer også nogle andre ædru drankere på lørdag, som skal spise frokost her", men det betød åbenbart ingenting, da hun sagde: "Jamen far, jeg savner dig". Hun havde ikke villet være alene med mig, siden jeg blev ædru, da hun var bange for, at jeg ville fortsætte mit druk, hvis hun var her alene, og nu var hun kommet i god tro igen. Jeg blev helt varm om hjertet og sagde: "Selvfølgelig, min skat!"

Jeg ved, at sindsro er resultatet af tillidsfuld, trofast accept af Guds vilje, selv midt i vanskelighederne.

Vi var inde i "Frysehuset" og se Hobbitten i 3 stive timer, og både min datter og jeg morede os over de grimme, men ret effektive 3-d-briller. Vi tog billeder af hinanden, inden filmen startede, og vi havde det så sjovt. Jeg sendte også et smukt billede til G, men ingen respons.

Jeg havde på fornemmelsen, hvad der foregik, og eftersom jeg selv er verdens største løgner, kunne jeg godt gennemskue hende, men troede alligevel på det bedste. Jeg tog ikke fejl, med hensyn til at hun igen sad og drak alene. Dog ringede hun en dag og indrømmede, at hun havde fået et tilbagefald, og sagde, at hun aldrig ville gøre det igen, og om vi ikke nok kunne begynde forfra. Det var totalt op ad bakke for hende nu, for i 15 år havde hun prøvet at blive ædru, men havde vist endnu ikke fattet, at hun ikke kunne tåle spiritus. Jeg pakkede den "rede", som hun havde bygget, ned i 4 store flyttekasser, en dyne og en rullemadras, hvorpå jeg lagde en besked på hendes telefonsvarer, at nu var hendes ting pakket, og de skulle hentes omgående, for ellers røg de til Røde Kors!

Næste dag ringede det på min dør, og en sød ung pige, måske i starten af 20'erne, stod nu lidt usikkert i min entré: "Øh, jeg skal hente hendes ting", fik hun fremstammet med nervøsitet i stemmen. "Ja, det er de 4 kasser der!" Jeg så panikken brede sig i hendes øjne, da hun så på mig. "Hun spurgte, om jeg ville være sød at hente et par småting for hende i Holbæk, men sgu da ikke 4 store flyttekasser!" Jeg gik med ned og så hendes lille søde pigebil, hvor pladsen var meget trang. Jeg hentede de sidste kasser og blev dernede, til alt var pakket. Vi stod bagefter og snakkede lidt, imens vi begge røg en smøg. Hun fortalte, at hun var ædru alkoholiker på 7. måned, og hvor godt hun havde det nu, hvor hun var blevet ædru. Jeg sagde til hende, at jeg syntes, det var flot arbejde, for det var jo liv eller død, vi gamblede med, det var bare ikke alle, der kunne opfatte det. Jeg ønskede hende en god tur tilbage og tog elevatoren op til mig selv igen og lukkede stille min dør med en fantastisk lettelse i hjertet.

Der var selvfølgelig også mindre gode dage, hvor jeg bare mest havde lyst til at æde nogle lykkepiller og tage til Egypten, hvor der var varme hele tiden! Herhjemme i Danmark frøs man sgu snart hele tiden, og sommerens temperatur var noget a la 30, 10, 20, 30, 10, 20, 30 … Min stakkels skleroseramte krop kunne næsten ikke tage det, eller også skulle jeg bare have noget at brokke mig over. Jeg har før fået spørgsmålet: "Er du blevet hellig?", og tja, det kan man vel egentlig godt sige, for når jeg kigger tilbage til min sidste omgang delirium tremens, kan jeg i hvert fald huske mine sammenfoldede, rystende hænder og den kæmpe sommerfugl, der hang svævende i luften, med mig hængende i en tynd silketråd nedenfor hen over gadekæret, som var fyldt op med vodka. Jeg husker tydeligt det spørgsmål, der fulgte: "Skal du tilbage og derned igen"? Måske bragede min tro på Gud frem dengang, og i dag starter jeg altid min dag med ordene: TAK, GUD!

Ugens ord: *tilbagefald*

Jeg ville lyve, hvis jeg skrev, at tanken ikke har strejfet mig, når noget er gået mig imod (jeg er dranker, og jeg er tørstig), men i dag er jeg et sted, hvor jeg føler mig mere sikker, end jeg nogensinde før har gjort. Nu hedder det jo bare vand, saftevand, Coca Cola eller spandevis af kopper kaffe i stedet for vodka, årgangsøl, guldbajere, amf eller coke, masser af piller eller lidt meget af Den Fede. Nej, jeg vil ikke ud i den sindssyge adfærd igen, og det er med al respekt, jeg skriver, at jeg ikke vil dø af alkohol og stoffer. Derimod er jeg glad for min nye livsholdning, da resultaterne er derefter. Jeg har et par numre, jeg altid kan ringe til, hvis trangen er ved at blive for stor. Dog har jeg ikke haft brug for nødkald (kun til hjemmeplejen) og håber heller ikke, jeg får det.

Der var starten på en slags spirende optimisme, og jeg var begyndt at ændre og finde mig selv – meget langsomt og meget sikkert. Hvordan det? Jo, Ham, som ikke ret mange vil tro på, før de næsten er tvunget til det, på grund af sygdom eller deres egen forestående død, var blevet en del af mit liv. Jeg havde aldrig vidst det før, men faktisk havde jeg nu brug for at tro, tro, tro! på noget, der var større end mig selv, for faktisk blev alting meget lettere, når jeg bare kunne tage det roligt og lægge alle mine uløste problemer i Hans hånd og udvise tålmodighed, undgå kun at tænke materielt, men mere åndeligt, samt sige tak!

Hvis alle mennesker i verden kunne og ville gøre det samt vise en ægte form for ydmyghed over livet, så er jeg sikker på, at verden ville blive et bedre sted at være, og vi ville behandle hinanden og moder jord langt bedre, end vi gør! Personligt bruger jeg en halv til en hel time hver eneste morgen på at læse og skrive mine tanker om dagen og min taknemmelighed ned. Ofte hører jeg: "Jamen, det har jeg da ikke tid til, for jeg møder klokken 6 og skal køre en ½ time i bil eller tog". PERFEKT! For så kan du tænke over, hvad for en dag du gerne vil have, der! Selvfølgelig kræver det en vis øvelse, men alle kan gøre det, og alle kan få noget ud af det. Den guddommelige vilje virker på en måde, der ligger over min begrænsning af forståelse, men jeg kan stole på den!

Den 10.02.2013 sidder jeg og ordner nogle gamle papirer og støder så pludselig på en dom, min mor havde fået i 1978 for at kaste og gennembore en anden drankers overarm med en stor brødkniv. Bøden frafaldt, da han havde sagt, at han selv var skyld i optøjerne, og de begge havde "kigget lidt dybt i snapseflasken", som ingen af dem tilsyneladende kunne tåle. Min mor havde altid mange mandfolk omkring sig, og ofte tror jeg, hun selv var nødt til at opføre sig derefter. Jeg husker, at en gut på 30 år prøvede at stikke af med en kasse tomme flasker, der var hendes – kr. 50,00! Hun fløj op og stak ham en på tæven og skreg "Uddd!". På trods af nervebetændelse, forstørret hjerte, fedtlever og druksår alle vegne skulle man ikke prøve at snyde hende for en "bøjet 25 øre", hun farede gennem ild og vand til dem, der ville snyde hende, på trods af følgerne fra et langt liv i druk.

Ofte må jeg en tur ned til vandet, der kun ligger ca. 10 minutters kørsel fra mig, for at nyde måge-skrigene, lugten af våd tang, gråspurvene og duerne derovrefra, hvor folk kan købe pølser, burgere og is om sommeren, men mest bare for at sidde og samle tankerne og nyde bølgernes klukken mod molen, imens jeg spejder ud over fjorden. Derefter køre op igennem Strandparken, hvor den gamle stubmølle fra ca. år 1700 står og pryder som et smukt vartegn. I dag er den gamle mølle fredet, selv om næsten alt er nyrenoveret efter en brand i maj 2017. Den aften/nat sad jeg i mit soveværelsesvindue og så de kæmpe flammer, den knasende lyd af træ og brandbilernes konstante sirener og de blå blink. Ja, sådan går det, når "drengestreger" bliver til en seriøs katastrofe for et helt samfund. Jeg selv har mange sjove og gode minder fra mine egne ungdomsår i Strandparken, hvor vi dengang festede og drak, inden vi tog toget videre.

For mig handler livet ikke om penge og materielle goder længere. De vigtigste ting, ud over min ædruelighed, er tøj på kroppen, mad i maven og en seng, der står varmt og tørt. Måske en lidt gammeldags måde at tænke på, men jeg synes helt seriøst ikke at penge er interessante, før de virkelig bliver en mangelvare i mit liv.

Efterhånden havde jeg været ædru i et par år, og det gik mig virkelig godt. Jeg var af og til ude og fortælle min historie og om vejen hertil. Selvom jeg overhovedet ikke var eller er nogen stor taler/speaker. Dog faldt det mig som en selvfølge ret nemt at fortælle min egen historie, som jeg jo kendte bedre end nogen anden. Jeg fik også mange nye venner, som jeg stadig har. Venner, som ville være her øjeblikkeligt, hvis lokummet brændte, men jeg tror også, at mange af dem har opdaget min positivitet, selv om jeg lider af 2 kroniske sygdomme. Dissemineret sklerose og alkoholisme. Grunden til min optimisme tror jeg skyldes, at jeg stadig er i live (rent held!), men også at livet har formet sig, som det har.

Aldrig før i tiden syntes jeg, dagene var elskelige og dejlige, og jeg forstod dem overhovedet ikke. Det gør jeg i dag, efter jeg er stået af "den vanvittige karrusel", jeg var ombord på. Livet er blevet herligt, og jeg nyder min ædruelighed, taknemlighed og sindsro af hele mit hjerte.

Alt var selvfølgelig ikke kun evig fryd og gammen, for jeg skulle da også ud i et stormvejr indimellem.

G, som jeg havde haft et venne-/kæresteforhold til, ville ikke forstå, at vi var færdige med hinanden, og at interessen for én, der ikke *ville* ændre sit liv, var mig totalt intetsigende, ja, faktisk var hun "slangen i paradis", men jeg var altså hovedperson i mit eget liv!

Jeg skrev derfor til hende, at hun skulle slette mit nummer, for jeg ønskede ikke at bringe min ædruelighed i fare, og hun var væk herfra for tid og evighed.

Jeg nød at komme ud i samfundet på min nye Trike-"ædru-cykel", og indimellem kunne jeg da også skyde en ret høj fart – uden hjælp fra en eller anden hjælpemotor. Jeg kørte ret meget den sommer, og selv om den 3-hjulede med 5 gear vejede 42 kg, var det bare AFSTED!!! Ned langs med vandet og derudaf, langs cykelstien, men så pludselig: Oh shit! Mit nye Garmin viste, at jeg havde kørt 12,7 km, men hjemturen var ikke medregnet! Jeg vendte cyklen og kørte over til en bænk, hvor jeg satte mig og røg en smøg, imens jeg spurgte mig selv, hvordan jeg mon nu skulle komme hjem igen. Svaret kom, som var det sendt fra oven: "Du tager den da bare med ro".

Ok! Så jeg nød ænderne, svanerne og alle mågerne (luftens rotter) på turen hjemad, men mine ben var syret godt til, da jeg endelig kom op ad den første bakke og langsomt nærmede mig målet. Jeg kunne ikke bare give op nu, så jeg samlede al min tidligere vrede, bitterhed og skuffelse, fik de 42 kilo jern i en langsom bevægelse, det sidste stykke frem. Jeg var helt færdig, og folk, der så "den tapre cykelrytter med sklerose" fra vinduerne, var ved at komme ned og skubbe mig det sidste stykke! Jeg gjorde det selv, og igen havde jeg vundet en stor sejr over for mig selv. Ja, jeg var rigtig taknemmelig den dag, for jeg vandt endnu en sejr.

Derefter fandt jeg dog andre ruter, der var knap så hårde, for den var vist ret meget i overkanten. Det er meget typisk, har jeg erfaret igennem årene, at en alkoholiker som jeg skal overdrive ALT! Forleden fandt jeg f.eks. nogle batterilys, som kunne lyse i

forskellige farver, og jeg fik den fikse ide at sætte dem rundtom-
kring i lejligheden, for at det kunne hygge lidt om aftenen. Tja, nu
er det ikke længere mørkt før klokken sent, alligevel skulle jeg da
lige købe 10 pakker a 99,00, for det havde jeg da brug for. Hver lille
lygte skulle ovenikøbet bruge 3 AAA-batterier. Eller også fandt
jeg et kanongodt tilbud på kyllinger i supermarkedet, og der var
bare 7 stk. tilbage. Du ved, at der overhovedet ikke er for meget
plads hjemme i fryseren, men alle de billige kyllinger til kr. 20 må
du da have, men oh my god! Da jeg fandt ud af, hvor meget plads
de 7 kyllinger optager i en lille skabsfryser plus fryseren over kø-
leskabet. Skulle jeg sætte mig oven på dem, så de blev flade, ville
jeg gøre det, puh ...! Du ved det inderst inde godt, og i dag tænker
jeg, hvorfor kan jeg dog ikke bare lade være? Men det er en anden
og mere sund form for afhængighed, der gudskelov viser sig mere
og mere sjældent efterhånden.

Ugens ord: *Hold det enkelt!*

Det er endnu en ting, som jeg har lært igennem andre, der også
er afhængige af hvad som helst. I dag kan jeg nå at stoppe op,
inden jeg kaster mig hovedkulds ud i ting, der alligevel ikke vil
blive færdiggjort. Tænk at kunne sætte sig med sin computer og
påbegynde sin skrivning, fordi alt ligger klart og man ved præcis,
hvor mange timer man nu orker at arbejde på en bog eller andet.
Jeg kan virkelig godt lide at holde tingene enkle og ikke kompli-
cere dem, som førhen.

Nu havde jeg pludselig fået den idé, at det kørekort, der var ble-
vet inddraget, skulle generhverves. Som skleroseramt har du dit
kørekort i en toårig periode. Jeg havde vel været ædru i 14 dage,
da jeg skulle op til en ny køreprøve. Det var mærkeligt og helt
anderledes at køre som ædru, og jeg nød virkelig turen og synet
af de grønne marker ved landsbykirken og den frodige natur og

duften af forår. Den motorsagkyndige fortalte, at jeg havde over-trådt flere højrevigepligter, og der, hvor jeg måtte køre 80 km/t., trillede jeg roligt frem med 50 km/t., og jeg havde været til så stor gene for de bagvedkørende bilister, så han havde måttet krumme sine tæer. "Du kunne da bare have sagt noget!", røg det ud af mig. Så var han væk, og der sad jeg så med en (ikke bestået) besked i juni 2011, øv! Jeg solgte bilen og købte nye, flotte cykler til mine børn for alle pengene. Nu skulle jeg to år efter vise, at jeg sagtens kunne køre ordentligt, og jeg syntes da selv, det var en genial idé, selvom jeg egentlig ikke skulle bruge et kørekort til noget som helst. Jeg ville bare bevise overfor mig selv, at jeg godt kunne klare det, og det gjorde jeg så, kort tid efter. Det mest mærkelige var, at den motorsagkyndige denne gang fik store tåre i øjnene og fortalte, at lige netop folk med sklerose aldrig før havde bestået, anden gang de gik op til køreprøve hos hende, men hun var meget glad på mine vegne.

Ja ja, jeg måtte videre, og jeg var virkelig nået dertil, hvor jeg ønskede at hjælpe en anden, for alt, som jeg havde fået indtil nu, måtte jeg videregive, hvis jeg selv ønskede at beholde det! Dog kan det til tider være svært, hvis du har med en person at gøre, som slet ikke har lyst til at møde sig selv i øjenhøjde og være ærlig overfor sig selv. Lige sådan en gut (J) kom hen til mig en iskold aften i marts 2013. "Jeg vil gerne have det ligesom dig, Johnny", og jeg kunne se iveren i hans øjne ..."Hvordan gør du, mand?". Jeg kunne mærke, at han mente, at det nok bare tog et par timer at lære, og at det ville være let nok. Folk ved ikke, at det er dagligt, benhårdt og totalt ærligt arbejde, jeg laver med "russer-metoden". J havde på det tidspunkt været ædru i 4 år, og ham, der havde prøvet at hjælpe ham til ædruelighed, havde smidt håndklædet i ringen, fordi han ikke ville ændre noget som helst. Så jeg bad ham om virkelig at tænke sig godt om nu, for jeg kunne kun hjælpe ham, hvis han var 100% ærlig. Jeg kunne tydeligt mærke, at han slet ikke havde nået sin bund og var ret uærlig over for både sig selv og mig. Vi forsøgte, at han skulle skrive morgen og aften, men det blev hurtigt for meget for ham, og han opgav det, og han kom faktisk kun til møderne for at bælle den ene kop kaffe med masser af sukker og mælk efter den anden. Seriøst var han ret ligeglad med det ædru fællesskab, når bare han kunne få lov til at sidde der med knitrende chokoladepapir og hygge-larme imens, for så pludselig at skynde sig at gå på toilettet. Nogle mennesker har bare svært ved at være inde i sig selv og være i den ro, der kan opstå under et sådant møde. Jeg nyder den fred, der nogle gange opstår, for så kan jeg sidde og reflektere over, hvad der er blevet sagt. Det endte desværre også, som jeg havde frygtet, for han fik et kæmpe tilbagefald og kunne selvfølgelig ikke forstå, hvad der var sket. Allerede da han snakkede med mig første gang, var hans tanker gået på druk. I dag er han i et andet Fællesskab. (Håber, det har hjulpet!).

Den vinter var ret kold, med både sne og is, og jeg var ekstra glad for min lejlighed, netop på denne kolde tid, for min krop bryder sig hverken om for meget varme eller for meget kulde. Sådan er min sklerose altså, og hvis jeg ikke lytter til min krop, kommer følgerne automatisk. Såsom meget stive led, eller at jeg bliver træt og slatten som en klud.

Nu var det den mellemste af drengene, der skulle konfirmeres, den 21.04.2013, og x'en ringede for at høre, om der skulle tages nogen særlige hensyn mht. min alkoholisme. Kun at jeg nok ikke ville røre den rødvinsfarvede opbagte brune sovs, men selv ville tage et brev Knorr Bearnaise med. Det var bare i orden. Knægten havde en skøn dag og "høstede godt", og jeg tror, han nød, at han ikke skulle se på den evigt "fulde far" på sin store dag. Den ældste af drengene var ikke lige så heldig dengang. Jeg tog hjem som en af de første med Flextrafik og tænkte "Er jeg mon lidt kedelig?", men nej, jeg var bare mæt af stemmer i mine ører og oplevelser på en helt anderledes måde, men en supergod dag.

Foråret var nu i fuld gang, og alle de skønne forårsblomster som påskeliljer, tulipaner i rigtig mange farver, anemoner, lungeurt, snepryd med flere stod nu i fuldt flor i villahaverne rundtomkring, og hyacint-hækkene duftede af vår, når man passerede en sådan.

Jeg elsker denne tid, for så ved jeg, at der venter en dejlig lang sommer forude.

Den 13.04.2013 fik jeg nok. Min lejlighed var uden gardiner, så nu blev der sat mørklægningsgardiner op, så jeg igen kunne se tv om dagen, hvis jeg havde lyst. Min gode ven kastede det ene guldkorn efter det andet af til mig, imens han hængte de 10 sorte rullegardiner på specialmål op. Det så ret godt ud, og det var effektivt i min sydvendte dejlige 2-værelses lejlighed med udsigt til den dejlige blågrønne fjord.

En dag, da jeg havde været til møde i "det ædru fællesskab" eller "portvinsklubben", havde en eller anden snottet på alle knapperne i elevatoren. Jeg råbte op, at "*det var noget forbandet svineri!*", men da det er ældre mennesker, der bor her, var der overhovedet ingen reaktion. Jeg fortsatte med at skælde ud i elevatoren, og indtil jeg var inde hos mig selv. De næste dage måtte jeg have handsker på, når minicrosseren og jeg skulle op og ned, indtil elevatoren var blevet rengjort. Tja, selv om jeg var ædru, kunne jeg godt bruge mit temperament.

Ugens ord: *ærlighed!*

Et ord, som slet ikke hørte til i Den Danske Fremmedordbog, inden jeg blev ædru. Det har dog ændret sig noget, fra dengang jeg var en "spritstiv maskebærer" og mine løgnehistorier fyldte godt op i rygsækken (hårdt arbejde!). Jeg fandt ud af, at det var meget lettere at sige sandheden og være fyldt med ærlighed i stedet for. Kommer der en alkoholiker, som gerne vil have min hjælp, er ærlighed den første ting, jeg lægger mærke til ved vedkommende. En hvilken som helst misbruger er verdens største løgner, men der er jo en grund, uanset om det så gælder det næste trip eller den næste flaske sprut. Nogle alkoholikere begraver sågar deres egne familiemedlemmer flere gange (mig selv inklusive!), bare for et par pilsnere, så de har det nogenlunde. Åh, hvor skylder jeg mange flasker væk, til naboer, "venner" osv. Nej, hold dig til sandheden, for den kommer du længst med.

Selv om den rejse, jeg havde begivet mig ud på, var så fantastisk og megaspændende, havde jeg dog alligevel mine sunde nye afhængigheder, som jeg til tider måske dyrkede en anelse for meget, og jeg hørte stort set ikke efter, hvis kroppen sagde fra. Nej, jeg fortsatte, for jeg skulle bare lige nå … Sådan er jeg stadig, selv om det er under lidt andre vilkår i dag.

Jeg fortsatte med at udfordre mig selv fysisk, og fredag den 10.05.2013 tog vi nogle stykker afsted til København. Vi gik på café og sad og hyggede os i alt det københavnske "virvar". Bagefter var vi inde og se Vor Frue Kirke. Folk lå blandt andet midt inde på gulvet, andre sad og bad med fægtende arme, og endnu andre sad bare ydmygt på kirkebænken og sendte måske en bøn op til Vorherre om at passe godt på en afdød, imens der faldt en stille tåre. Tonerne af en eller anden slags musik væltede højlydt ud af højtalerne, så man dårligt kunne kommunikere, og man ventede næsten, at Gud ville ankomme på sin nypudsede Harley-Davidson med en hærskare af engle og andre helgener, og at Han så ville sparke kirkedørene op og råbe: "Rolig nu! Jeg er hos jer!", men i stedet for gik vi ovenpå og tog til lysmøde for alkoholikere, hvilket også var rigtig hyggeligt. Nu manglede jeg bare trapperne ned igen, og jeg ville have nået 280 trappetrin på den tur. Dagen efter ville jeg da lige cykle 10 km, men jeg kunne glemme det, for "stængerne" var helt færdige, så jeg var nødt til at restituere et par dage.

Alle de gamle rødder blev skiftet ud, og jeg fik hurtigt en ny og stabil vennekreds, der ikke konstant skulle udnytte mig og omvendt, men i stedet brugte vi hinanden som hjælp og støtte i alle slags situationer. Jeg var ikke vant til at få hjælp på den måde, uden jeg vidste, at der bagefter lå en regning og ventede på mig. Sådan var mine nye venner overhovedet ikke. Så hvis jeg manglede kørelejlighed eller skulle have hentet noget i Bauhaus, blev det ordnet kvit og frit, men selvfølgelig betalte jeg da benzinpenge.

En dag, da jeg kom hjem fra byen, kom jeg måske nok til at køre en anelse for tæt på elevatoren, for ud skulle selveste "Lucky Lukes fætter": "SÅ FLYT DIG DOG!!!" og jeg spurgte bare stille og roligt, om man ikke kunne sige det på en ordentlig måde. Der blev bare mumlet et eller andet, og så begyndte mit raseri, 1000 stemmer kværnede løs oppe i mit hoved, men gudskelov fik jeg lagt en dæmper på mig selv og tænkte: "Du er jo alligevel ret magtesløs over for den der barnagtige handlemåde, som han kører over for dig!" og tænkte videre: "Havde det nu været i min aktive tid, var jeg kørt ind i haserne og akillessenerne på ham og havde råbt og skreget!!!" (Johnny 4 år). Så derfor: Længe leve min ædruelighed.

Vi fik "pisset vores territorie af", og i dag nævner ingen af os noget som helst om dengang, og derfor kører vores lille "Huset på Christianshavn", og vi kan nu fortsætte uden for mange intriger (foreløbig).

Vi var nu midt i maj 2013, og vejret var upåklageligt, og jeg fik grillet en del på min Weber-kulgrill, og jeg elskede lyden af de varme kul, der knitrede, og de saftige bøffer, koteletter, kalkunlår smurt ind i den bedste barbecue-rub eller kyllingen, som fik en dåse Coca Cola op bagi, når jeg altså først havde taget en tår af den. Ud over pølser og brød morede jeg mig oppe på 3. sal, og ingen har til dags dato sagt noget til det. Champignoner med hvidløgssmør, tomater, aubergine og squash blev nøjsomt lagt på den varme rist. I dag har jeg en Weber-gasgrill, og det er dejligt hurtigt og nemt. Ja, jeg må indrømme, at jeg samtidig nød de smukke gule sennepsmarker, som jeg havde udsigt til ovre på den anden side af fjorden på Tuse Næs, samt den smukke solnedgang, som spejlede sig legende i vandet, inden den forsvandt lige så langsomt ude i den fjerne horisont.

Jeg kunne virkelig mærke, at "russer-metoden" rykkede ved min ædruelighed, og jeg følte en indre glæde og taknemmelighed, hver morgen jeg stod op, for det blev bedre og bedre. Hvad og hvorfor det lige skete på den måde for mig, har jeg kun gisninger om, og dog er det nok benhårdt arbejde og troen, som efterhånden også viste sig fra den smukkeste side. Pludselig var det nemlig, som om alting kunne lade sig gøre, hvis jeg blot viste den rette tålmodighed, og jeg forsøgte virkelig. Det havde nu aldrig været min stærke side, og åh, det var noget af en kamp, men min kammerat fik forklaret det til mig, så jeg vidste, hvad der ventede mig fremadrettet angående tålmodighed. Jeg havde altid været meget impulsiv, og jeg gad ikke vente mere end højst nødvendigt, men i dag, 10 år efter, griner jeg højlydt, når jeg tænker tilbage. Mit liv er baseret på alle de små glæder i livet, og jeg er fuldstændig ligeglad med penge, prestige, smarte, dyre biler og huse m.v. Jeg glæder mig over alle livets små glæder i stedet for.

En af de første gange, jeg var hjemme hos min kammerat, fortalte han mig en historie, som nær havde skræmt livet af mig, og jeg glemmer det aldrig. Han begyndte med noget a la: "Ja, så var der jo ham, der skulle til USA dagen efter, for nu havde han været ædru i 10 år. Konen skulle lige et smut i byen, så den ædru mand satte sig glad hen til sit flygel og begyndte at spille. Pludselig stod der en flaske whisky, glas og is foran ham. Da konen kom hjem, kiggede hun på sin fulde mand, og hun kunne blot trække på skuldrene og sige "Tja, der røg den rejse, du har glædet dig til igennem 10 år!". Manden var noget rystet og spurgte: "Hvordan? Kan det virkelig gå så stærkt?" Ja, og jeg har nu set det ske rigtig mange gange og desværre også oplevet døden indtræffe, fordi kroppen simpelthen ikke har kunnet følge med i det kæmpe "sprut-ocean", der pludselig skal igennem systemet. Folk kommer altid bagefter og spørger: "Hvorfor??" "Hmm … Har du passet dine ting? Går du til dine møder?" osv. Ofte viser det sig, at folk desværre "glemmer" deres kroniske, progressive alkoholisme, som skal passes og plejes hver evig eneste dag, ligesom sukkersyge, hvor du skal huske din insulin – eller glemmer man mon også bare den? Næppe! Jeg fejrede også mit andet ædru år sammen med min kammerat og sagde det højt til hans søde kone: "Nu har jeg været ædru i to år, og jeg siger det aldrig igen!"

Ugens ord: *ydmyghed!*

Jeg fandt meget hurtigt ud af, hvad det betød, og hvorfor jeg burde være det. Jeg havde lige fået et nyt liv, som jeg burde behandle bedre end det foregående, så det gjorde jeg. Taknemmeligheden og ydmygheden har drevet ned ad væggene, lige siden jeg blev ædru, og jeg har svært ved at lade være med at smile over det held, jeg har fået på daglig basis. Det samme gælder min alkoholisme. Den bliver passet og plejet hver dag, med daglig skrivning og meditation over min nye dag. Jeg takker også i ren ydmyghed for de mennesker, som jeg forsøger at hjælpe på min helt egen måde, for de hjælper mig dobbelt så meget.

Ud over at mit nye liv indeholdt masser af træning og sund kost, læste jeg også et hav af bøger: *Tilstedeværelsen* af Erik Meier Carlsen, som blev læst flittigt, da min verden var åben og jeg måske kunne finde en religion, der var mere spændende end den, jeg kendte i forvejen. Jeg læste Bibelen (1600 sider! – bare hvis nogen har lyst til at gøre forsøget), Koranen og om de nordiske guder, og det fortryder jeg ikke et sekund, for nu er jeg overhovedet ikke i tvivl længere. Alverdens krimier er også blevet "pløjet" igennem i årenes løb og et hav af jægerbøger. De sidstnævnte tror jeg, er, fordi jeg er født med en indre stædighed og vilje, der er "spillevende", og når tingene ser allermørkest ud, så kommer "jægeren" frem i mit indre og spørger hånligt: "Nå, opgiver du?" Aldrig! Min vanvittige stædighed sætter i stedet omgående ind, og så bliver min opgave løst. Egentlig tror jeg altid, "min indre jæger" har levet inde i mig, og nu, hvor han ikke konstant skal være påvirket af sprut og stoffer længere, er han en god ven at have med sig, i mange situationer. Selv om jeg dårlig nok kan gå, på grund af mine 25 år som skleroseramt, elsker jeg at se de kæmpe præstationer, soldaterne udsætter deres krop for, men også hele det mentale spil, der kører samtidig. (Dog er krig totalt ligegyldigt for mig!).
De cirka 20 bøger af forfatteren James Lee Burke står sirligt og

smukt i min bogreol. Ja, han er min store yndlingsforfatter, og han skriver, så jeg glemmer alt om tid og sted. Det er nu meget rart at "trække stikket ud" en gang imellem og forsvinde langt væk, ind i en tyk bog skrevet af ham.

Den sommer i 2013 var det også drønvarmt, og jeg kunne sidde derude og kigge ud over den smukke fjord, hvor blandt andet jetski og speedbåde med vandski efter drønede frem og tilbage, og alle de smukke sejlbåde skar langsomt i vandoverfladen, som en kniv i blødt smør. Lige på den tid lignede jeg en kogt krebs på grund af solen, og jeg tænkte, at nu måtte jeg vist hellere slappe lidt af og stoppe al den der overdrevne soldyrkning, men dagen efter sad jeg igen derude i shorts og bar overkrop og nød, når jeg blev overdænget med en kølig brise derude fra vest.

Den 07.09.13 var en normal stille lørdag, der pludselig tog en uventet drejning, for jeg blev ringet op af en i Kalundborg, om ikke jeg kunne hjælpe. For den herre, som det drejede sig om, var den tidligere omtalte drukkammerat fra vejen ved siden af, hvor jeg havde boet. Nu var den vist helt gal. Han havde måske spurgt efter mig? Og jeg sagde: "Bare smid ham på det næste tog!" I stedet ankom en bil, som læssede ham af nede på stationen om aftenen, og straks spurgte han, om han lige måtte gå i DSB Kiosken. Jeg vidste godt, at han ville ind og købe øl, så jeg sagde til ham: "Tja, så bliver det da et meget kort besøg." Hm ... I stedet gik vi gik op i min lejlighed, og snakken ville ingen ende tage, selv om vi begge vidste, hvorfor han var ankommet til Holbæk. Og nu mærkede jeg en underliggende tristhed over hans sidste glæde og barriere, som nu også skulle væk, men langsomt begyndte han selv at fortælle, og det blev måske hans redning og ædruelighed – 7-9-13!!! (sikke en dato!) – der jo kun kommer én gang i det her liv. Jeg fik langsomt opbygget en tillid mellem os, og jeg fortalte min historie, og han fortalte sin. Manden, som er min x-svoger, er ædru den dag i dag, og det er jo det vigtigste. Nå, men den dag var han godt fuld, ødelagt og forslået, man kan vel sige helt færdig. Dagen efter måtte vi ud flere gange, for der skulle indåndes masser af frisk luft.

Efter alle hans abstinenser og opkast i lårfede sprut-stråler begyndte jeg langsomt at fortælle om min måde at være ædru på. Han lyttede interesseret, og jeg fortsatte min snak. Om mandagen tog han så toget mod Kalundborg igen, og vi aftalte, at vi skulle snakkes ved. Men efter en tur på BS i Karrebæk blev han måske lidt for bedrevidende til min smag, og det orkede jeg ikke, så samarbejdet stoppede efter et halvt års tid.

Faktisk havde vi drukket rigtig meget sammen førhen, for dengang kunne vi altid finde på noget at fejre. Men at vi nu begge havde mødt "helvedes porte" lidt for tæt på, havde ingen af os set komme eller regnet med. I dag taler vi gudskelov samme sprog, og ingen af os er "stærkere end det svageste led".

Jeg nød virkelig, når mine børn var her og havde deres kammerater eller deres lille dværgpuddel "Lady" med, for det gav mig en eller anden tillids-følelse, jeg ikke var helt vant til. Nu kunne jeg nyde at lave mad, imens de var nede og spille fodbold eller gå lange ture i området. Nu kunne jeg virkelig mærke, at jeg var mærkbart forbedret, og at jeg var blevet meget mere glad og tolerant. (Kunne det mon blive meget bedre? Øh, ja!). Selv om jeg virkelig var blevet en stor livsnyder, var det eneste, en dranker som jeg kunne tillade sig at ønske sig, en ædru solopgang eller -nedgang, for hvis jeg ønskede mig mere, ville jeg måske aldrig få det.

Min genbo Bente tog tit til Tyskland sammen med sin bror og søster i de år. Hun var altid rar at stikke hovedet ind for at høre, om jeg skulle have noget med, og så havde hun da ikke mindre end 6 kasser a 24 dåser Coca Cola + slik med hjem til mig. Årets varmeste dag indtil nu den sommer var oppe på 30,7 grader, men jeg nød varmen og sad ude på "balkonen" i bar overkrop. Jeg nød også at køre ture, stille og roligt ude i skoven, mærke alle skovens dufte, den bløde jord under min minicrosser og kigge på bøgen, lytte til skovens lyde, kigge på de små travle egern og en sjælden gang se en råbuk, hvis lugtesans nok sagde "MENNESKE – FØJ!!!". Det er en fantastisk oplevelse for mig at følge naturens orden på afstand.

Når så jeg var hjemme igen om aftenen, havde jeg den smukkeste solnedgang, med fjorden og træerne som forgrund, og når den så forsvandt ned bag træerne, kom den smukkeste højrøde og gule himmel frem.

Nogle gange var de ældre her i ejendommen lidt mærkelige. "Hanne fra Halmtorvet" var blevet sur på mig, fordi jeg ikke ville give hende ret i alt hendes fis. Gudskelov, for så var jeg da fri for at høre på den gamle sladdertante et godt stykke tid, og Asta, som jeg kaldte "Asta la vista", ville partout til Holland. Jeg spurgte hvorfor, og om hun skulle ned i deres coffeeshops og fyre den fede eller se de flotte tulipanmarker, som Holland jo var kendt for om foråret, men nej! Hun ville dø nu, og dernede havde de jo aktiv dødshjælp. Ok, men god fornøjelse så! Jeg gik grinende op til mig selv igen og låste min dør. En anden gang mødte jeg fru Gregersen (min underbo), der løb meget forvirret rundt nede på vejen, så jeg kørte over og spurgte, om alt var ok. Ja, hun var bare stoppet med ALLE sine piller, for det havde jeg jo gjort.

(Jeg havde fortalt, hvordan jeg selv langsomt havde trappet mig ud af mine Rivotril for nylig, men da ikke hjertemedicin og blodtryk!). Så nu ville hun også prøve. Jeg sagde, at hun nok skulle rådføre sig med sin læge. Ugen efter var hun død. Siden dengang har jeg aldrig nævnt ordet medicin over for andre end min læge!!
(R.I.P.)
Året var stadig 2013.

Den 30.05.2013 var fjorden spejlblank, træerne spejlede sig i vandoverfladen, og himlen var flot rød. Jeg tænkte: Det er måske så flot, fordi jeg har valgt Guds parti og jeg gør Hans vilje hver dag og ikke min.

Ugens ord: *taknemmelighed!*

Hver morgen når jeg vågner, starter min taknemmelighed, for jeg er så heldig, at jeg lige har fået en helt ny dag. Jeg er meget taknem-

melig for, at jeg er ædru i dag samt i live. Faktisk driver taknem-
meligheden ned ad alle væggene i min lejlighed. Livet har været
"helt ude til kanten" mange gange efterhånden, men gudskelov,
at jeg stadig er her, for det må da vist siges at være svineheld, eller
også er der en, som holder hånden over mig (det er, hvad jeg tror
på). Med tiden har jeg lært det på en meget sikker og enkel måde,
nemlig ved at gøre det samme hver eneste morgen (melde mig ind i
kampen), og dermed bliver det en del af livet at være taknemmelig.
Hemmeligheden er, at jeg tror på noget, der er større end mig selv.

Ja ja, nu var jeg ædru og var faldet godt ind i mit nye liv, var me-
gaydmyg og taknemmelig. En dag i 2014 sidder min kammerat
og jeg ude i hans hacienda og snakker om, hvor vi egentlig godt
kunne tænke os at tage hen på ferie, og hvor vi ønskede os hen,
dengang vi stadig drak. Valget faldt på USA, for os begge, og især
nu, imens jeg var nogenlunde rask og rørig. Rejsen blev bestilt,
og nu havde vi en måned til forberedelse, inden der var dømt
roadtrip i USA ...

Turen til USA

Den 4. juli 2014 landede jeg i Miami, og jeg elskede bare USA fra første sekund. Der ventede en rejse på en lille måneds tid foran mig, hvor min gode ven og jeg skulle køre tværs over, fra øst til vest, nede i Sydstaterne på en Harley-Davidson Trike. Vi var et hold på 7 personer, 4 cykler og 2 personer i en følgebil. Vi skulle nu køre igennem 9 stater, og jeg anede ikke, hvad der mon egentlig ventede mig. Jeg er taknemmelig over at have nået det, da min sygdom har gjort, at det ikke ville kunne lade sig gøre i dag. (Once in a lifetime …).

Jeg startede med at mærke på vandet i Miami Beach, hvor vi lejede en kørestol med store gummihjul, så jeg nemt kunne komme igennem alt det bløde, hvide sand, inden vores lejede Harleyer skulle hentes. (Hvorfor mon vi ikke har sådanne kørestole herhjemme?). Vi tog til Everglades til et alligator-show og sejlede i sumpområderne i en airboat og fik fornemmelsen af livet der. Hver aften sov vi på Best Western-hoteller og op næste dag og køre over de 42 broer og ned til Key West i Florida – og Naples. Jeg kunne ikke komme af med mit vand og måtte derfor lige en tur forbi et sygehus (dyr tissetår!). Jeg fik lagt et kateter, der fulgte mig resten af turen. Faktisk kørte vi mellem 270 og 530 km om dagen. Jeg sad drøngodt bagpå og kunne sidde og nyde turen.

Den 7. dag nåede vi netop den by, jeg lige havde læst om. Den måde, James Lee Burke beskriver byen New Orleans på, er nogle fængslende øjeblikke i hans kanongode romanforfatter-fortællinger. Nu var jeg der pludselig selv og skulle være der i 2 dage ... Åhh, det var så skønt. Vi var til de fedeste blueskoncerter, købte masser af T-shirts og gik rigtig mange, lange, dejlige ture rundt i det kendte French Quarter, alt imens der blev kastet med plastic-perlekæder efter kvinderne, for så skulle de vist nok løfte op i deres bluse og blotte deres barm, når de var blevet ramt. Jeg fik en plastickæde lige i smasken, men jeg løftede altså ikke op i noget. Lige de dage står virkelig klart for mig, og jeg tænkte ikke, at jeg var hæmmet på grund af sygdommen, men sad bare og fløt med strømmen, imens tonerne og stemmerne blandede sig med hinanden, og lige der var jeg til den største og bedste fest ever ... Senere skulle jeg have taget et billede sammen med "en af de der personer, der kan stå virkelig stille i lang tid". Jeg sad i min kørestol, og imens han var på hug ved siden af mig med sit malede ansigt, sagde han "up with your thumbs", og så fik min kammerat lige en lille *skråt op*-hilsen til sin mobil.

Ja, egentlig troede jeg, at mit USA-klimaks var nået nu, med alle de værtshuse, jazz- og bluesmusik, alle de sprøde toner, der kan få det hele til at flimre for øjnene, og når sådan en ægte farvet bluessanger trykker den af med sin dybe og rå stemme, men ork nej, vi var kun lige begyndt!

Turen fortsatte videre på Harleyen langs Mississippifloden til byen Baton Rouge, igennem det skønne dybe syden. Vi overnattede i en gammel by fra 1714, Natchitoches. En meget smuk by, som også er kendt fra flere film.

Dagen efter videre til Texas, ud på prærien, cowboy! Jeg mindedes tv-serien Dallas fra 1978. Og det var ret fedt med de der olieboringer, der bare står og kører døgnet rundt – op, ned, op, ned, op … De var bare alle steder, og de er vist lidt ligeglade med den grønne energi.

Fra Texas' frodige landbrug og derefter ud over prærien, hvor alt blev mere og mere øde. Om eftermiddagen ankom vi til byen Amarillo. Vi blev senere på aftenen hentet i to store udtjente "flydere" og kørt til The Big Texan Steak Ranch, hvor vi fik rigtig gode, store og saftige bøffer, masser af grønt tilbehør og nogle stærke chilier. En af deltagerne blev så koge-rød i hovedet, fordi det var så stærkt for ham at indtage, så han måtte bælle sin "langhalsede" øl ud i en køre … Skål!

Næste dag så vi de 10 halvt, skråt nedgravede Cadillacs, "The Cadillac Ranch" – typisk kunst? Bilerne var fra årene 1949-1964. Det var nogle kunstnere fra San Francisco, der fandt ud af, at de ville stille dem sådan. I dag skriver man sit navn eller en anden hilsen på bilerne.

Nå, men efter den lille afslappende stund fortsatte vi ud over prærien og stoppede i flere småbyer på vejen med de karakteristiske Route 66-bygninger, og senere nåede vi The Midpoint Café, som påstås at ligge lige midtimellem start og slut på Route 66. Altså mellem Chicago og Los Angeles. Vi fik taget nogle billeder, og efter et lille kvarters pause, drønede alle Harleyerne afsted igen mod en af de smukkeste byer, jeg nogensinde har set (Santa Fe). Inden vi kom dertil, var vi dog også igennem New Mexico og Tucumcari. Den er kendt for sine gamle Route 66-moteller. Så var der hviledag i indianerbyen Santa Fe, som også er hovedstad i staten New Mexico. Byen lå hen i sin naturlighed, med alle de sandfarvede huse.

Derefter kom vi til Arizona og kørte ind i ørkenen kaldet Painted Desert, med de flotte farver, og videre ind i nationalparken Petrified Forest, som er en forstenet skov, der kan dateres 225 millioner år tilbage i tiden. Overalt lå der spredte forstenede træstammer. Den 15. dag kørte vi op til et af byens højdepunkter, Grand Canyon. Vi tog den flotteste tur med helikopter, hvor Coloradofloden pludselig blev meget lille, og alt pludselig udformede sig i de smukkeste nuancer. Ja, der sidder stadig tydelige og drømmende billeder indvendig mit hoved, wow, en oplevelse!!

460 kilometer km lå igen forude for vores fødder, vi kørte blandt andet til Hoover-dæmningen, der blandt andet leverer strøm til spillebyen Las Vegas, men inden da besøgte vi et af de mest fotograferede steder overhovedet på Route 66, Hackberry General Store.

Vi kørte til Las Vegas dagen efter, med alle de mest fantastiske lys, kasinoer, letpåklædte kvinder, dollartegn i øjnene på de fleste, tja, i den by kunne man nu også få alt for penge, og havde du så tabt alt, fordi du satsede for stort, endte du "under the bridge" og kunne gå og uddele diverse billetter og taloner til diverse shows eller sidde i en kørestol og spørge de velhavende turister om "one dollar". Det var selvfølgelig bagsiden af medaljen. Jeg fik et flashback, imens vi var der: Engang skulle jeg have på kredit, hvilket var den naturligste ting for mig, uanset om jeg havde haft 500 eller 5000 kroner i pungen. Bartenderen sagde: "Nej, Johnny, du har fået rigeligt", men det får en dranker som mig aldrig! I stedet råbte jeg bare af mine lungers fulde kraft: "Når jeg vinder den store gevinst i Las Vegas, kommer jeg kraftedeme tilbage og køber det her forbandede værtshus!!" og så dinglede jeg ellers ud i min bil. Ak ja! (Mon ikke de fik et lille smil på læben af den fulderik?).

Vi boede på et hotel, der hed Golden Nugget, med en gigantisk indendørs swimmingpool nede i stueplan og rigtige hajer som baggrund (selvfølgelig) og masser af spillemaskiner og kasinoborde samt yndige kvinder til at betjene dem. Nu havde jeg endelig chancen, men jeg brugte ikke en enkelt dollar, for ja, jeg havde ændret mig, og jeg var ved at blive mig selv, lige så langsomt. Druk, spil, slagsmål og indbrud var en del af min fortid, ja, men nu var jeg bare glad og taknemmelig over mit liv og min ædruelighed.

Efter et par dage i spillebyen Las Vegas kørte vi et stykke langs Coloradofloden og den gamle del af Route 66 og ud i Mojaveørkenen, hvor jeg lod solcremen ligge i tasken, for jeg begyndte at ane enden på rejsen, men det hævnede sig, og solens magt føltes, som om den prøvede at brænde sig igennem mine skinneben og mit ansigt, men jeg var alt for stædig til at spørge vores følgebil, om ikke jeg lige kunne få noget solcreme, og løbet var alligevel nok også kørt, for jeg var ræverød. Nu skulle det sidste bare overstås (jeg var mættet af oplevelser). På 21 dage havde vi kørt igennem 9 stater. Fra Miami til Los Angeles på motorcykler, hvor vi sluttede inde på Hollywood Boulevard. Det var den fedeste tur, jeg nogensinde havde været på, og jeg er rigtig taknemmelig over, at jeg nåede det. Jeg kan som en af de få i verden prale med, at jeg har stået og "pisset" på gulvet i den kæmpe flyver fra Atlantic Airways, fordi proppen til mit kateter faldt af. Folk var trætte efter deres ferie, så ingen gjorde særlig notits af det. Jeg fik hurtigt fat i proppen og fik sat den på igen. Nu godt oversmurt i urin, tja, så ventede der ca. 12 timers flyvning forude til Heathrow lufthavn og derfra en smuttur til Kastrup Lufthavn, hvor min kammerats far og kone stod og tog imod os. "In God we trust". Halleluja …

Nå, men som min kammerat fortalte mig nede ved hjuldamperen "Naples" i Louisiana, så ville den der sindsro komme helt af sig selv, for jeg kunne stadig mærke den forbandede uro i kroppen indimellem, og nu havde jeg da været ædru i 3 år, så måtte det da godt snart stoppe! Omvendt skulle jeg også regne med, at siden dengang jeg var kommet i plejefamilie i 1978, havde jeg haft det sådan. Min kammerat kan stadig give mig chok, så kaffekoppen ryger op i luften, og han griner så og siger "rooolig!, der sker altså ingenting!"

Jeg var vildt stolt af alle de oplevelser, som jeg havde fået fra USA, og alle de ting, jeg kunne bruge fremadrettet. Alt skulle bearbejdes, og selvfølgelig var det kun det brugbare, såsom hvordan folk agerer overfor hinanden, som de gør, og hvordan/hvorfor amerikanerne var så megastolte af deres land.

I den tid, hvor jeg havde boet i mit hus i Kalundborg, havde jeg søgt legater (mange legater) og altid med rimeligt meget held, så det ville jeg da prøve igen. Rejsen havde været relativt dyr, men alle de steder, jeg søgte, var vist ret ligeglade, for havde man en lejlighed, så fik man nok også boligsikring. *Nååh! Så gik tiden da med det …*

Mine 3 børn i dag

25 år, 23 år og 20 år, og ja, de er vist blevet voksne før tid, men er det mon ikke alle forældres holdning? Dog er skylden helt på min egen side, hvis jeg mener, at tiden er fløjet afsted og der er rigtig mange ting, jeg er gået glip af. Selv om jeg lider af en progressiv sygdom eller to, har mine børn altid været dem, som skulle have det bedste, når vi var sammen, og jeg prøvede virkelig! – men jeg blev desværre altid fuld.

I dag er alle 3 flyttet hjemmefra, men dog stadig i Kalundborg eller lige udenfor. De har alle deres arbejde og ungdom, som de hver især eller sammen nyder (koncerter, rejser osv.). Vi ses dog jævnligt alligevel, til en omgang mad eller bare en gang hyggeligt samvær. Jeg elsker den der vildskab, der opstår, når de er her sammen i min 2-værelses lejlighed fra 2012. Her oser virkelig af "evig ungdom". Af og til dukker det dog op, når jeg tænker på, at de egentlig lige så godt kunne have "slået hånden af mig" dengang. Og jeg tænker på alle dem, der virkelig har mistet deres børn, fordi deres far eller mor, eller måske begge, ikke kunne lade flasken stå. Alkoholisme spreder sig som ringe i vandet, og nej, det er langtfra kun alkoholikeren, der bliver fysisk og psykisk ramt. Listen er alenlang, og det behøver jeg ikke trætte læseren med, da de fleste kender én, som kender én, osv.

Jeg bliver snart 50 år, og i den anledning vil jeg gerne tage mine børn med en uge til Grækenland, for at vi kan nå at få en oplevelse sammen, inden de selv får travlt med deres børn, hus, bil, arbejde og om og om igen ... Desværre har jeg nu også selv fået den sekundære progressive sklerose, hvor jeg i skrivende stund lige har måttet bede hjemmeplejen om hjælp til at få mine bukser af om aftenen, da kræfterne slipper for hurtigt op på det område, selv om jeg træner igennem nede i vores træningsrum stort set dagligt. Sygdommen er i et nedadgående stadie, men jeg kæmper alt, hvad jeg kan.

2015

Jeg havde igen trykket på "reset" og var startet på et nyt år, 2015, som stadigvæk drejede sig om min udvikling, så jeg kunne holde det sprut-ocean væk fra mig, som stadigvæk kunne indtage mit liv, hvis ikke jeg var 100% klar og meldt ind i kampen, så snart jeg vågnede om morgenen, og gerne inden jeg gik i gang med noget som helst andet.

Det år og de næste 3 gjorde jeg det, som jeg var bedst til ud over at drikke: Vælg en nem dame, som har brug for dig, og som du kan hjælpe et godt stykke hen ad vejen til et bedre liv. Jeg var sikker på, jeg ville gøre hendes liv lige så ønskværdigt som mit eget, og jeg bildte mig sågar ind, at hun var uundværlig for mig, men I stedet var det faktisk mig, der endte som den ynkelige idiot.

Selv om jeg passede godt på mig selv hver eneste morgen, blev jeg langsomt, men sikkert "lullet" ind i hendes spind, men jeg opdagede det ikke, før hun begyndte at smide rundt med løgnagtige historier samt gjorde sig selv godt og grundigt til grin overfor min familie og venner. Ja, jeg troede på det bedste i hende i starten, men over 4 år kom der mere og mere frem. Til sidst fik jeg nok og stoppede forholdet.

De følelser, som før i tiden styrede mit liv, såsom vrede, misundelse og jalousi, er blevet meget mindre samt godt og grundigt gennemarbejdet efterhånden, og i dag bliver jeg ikke misundelig over, at naboen har købt ny bil, eller at to forældre står og griner højt, imens de spiller stangtennis. Det kunne før gøre mig rasende, fordi jeg ikke havde balancen, eller hvis en anden snakkede med min dame, så blev jeg før rivende jaloux, fordi han sikkert bare ville "score hende", for jeg kunne og var jo ingenting. Det, jeg ikke vidste, var, at det var min alkoholisme og mine mindreværds-komplekser, der havde overtaget mig i så stor stil, at jeg ofte blev rigtig bange for mit reaktionsmønster, for det var da ikke mig, eller var det? I dag ved jeg, at min alkoholisme er en kronisk og uhelbredelig progressiv sygdom, der aldrig bliver bedre, og det vil sige, at hvis jeg får en dråbe alkohol, tænder/vågner mit Thiq Center i hjernen, og alt vil skrige efter sprut igen, og derfor aftaler jeg med "en magt, der er større end mig selv, hver morgen, at i dag holder jeg mig fra den første genstand. Det er livsvigtig medicin at lave den aftale hver morgen. Jeg skriver 5-6 linjer, om hvordan jeg vil møde dagen ædru, takker min højere magt osv. Sådan har jeg gjort hver dag i de sidste 10 år, og ja, jeg har også gjort det her til morgen. Jeg kan desværre ikke komme til de fysiske møder i Fællesskabet længere, på grund af sklerosen, men min kammerat og jeg skriver hver vores "lille tekst" til hinanden hver morgen, og det er en god måde at "dele" med en anden på.

Nogle morgener kan der komme noget i den her retning til mig: *"Visheden om Guds eksistens er til tider lige så kompliceret som enkel for en dranker som mig. Jeg forstår langt bedre i dag, hvorfor jeg aldrig blev hørt førhen, og hvorfor jeg bliver hørt så meget efter min overgivelse. Denne proces har været lidt hård, men alternativet ville have været den sikre død. Taknemmeligheden blomstrer derfor i stort flor, og jeg glæder mig over, at jeg kan løfte ansigtet mod himlen uden dårlig samvittighed. Tak for mig!"*

Mandag den 16.02.2015 var jeg på hjem fra København med Flextrafik. Chaufføren, der var af anden etnisk herkomst, startede turen med at fortælle om, at vi danskere gjorde grin med hans profet Muhammed. Og da han blev ved, sagde jeg stille og roligt til ham, at han enten kunne sætte mig af eller kunne stoppe sin talestrøm om en, som jeg alligevel aldrig havde mødt. Derefter tog jeg mine hørebøffer på og forsvandt langt væk fra sure stoddere og profeter! Jeg nød den sindsro, der ramte mig lige dér, den dag, for hvad vedkom det for øvrigt egentlig også mig?

79

Der skete hele tiden noget på de der mandage, lige på de der tidspunkter. Den 21.02.2015 havde min mellemste knægt været udsat for et kvælningsforsøg. Jeg mærkede hævntørsten over ham, der havde rørt min knægt, men min gode kammerat fik mig tilbage på sporet og tilbage til min sindsro, hvor jeg igen kunne tænke med fornuften. I dag er det mandag den 23.02.2015, og jeg skal ikke være andre steder end i nuet, hvor sindet er i top, og hvor planerne er lagt.

Nu begynder nye 24 timer, for endnu en dag er blevet mig givet. Jeg ville ikke have været så glad og taknemmelig over livet, hvis ikke jeg var blevet alkoholiker. I dag ved jeg, at selv om jeg er her på lånt tid, vil jeg leve efter "fornuftens vej" og gøre mit bedste.

Nogle gange har livet da selvfølgelig også kunnet føles uretfærdigt, og flere gange har jeg tænkt: Hvorfor er jeg egentlig blevet til? Hm, jeg kan da finde på at køre den tanke helt ud i ekstremerne og spørge mig selv: Hvorfor har du mon overlevet alle de gange? Er du mon én af Guds udvalgte? Så er jeg lige nødt til at bede mig selv om lige at køle lidt ned og fortælle mig selv, at jeg er altså bare er et resultat af 5-10 minutters ekstrem liderlighed, der resulterede i min tilstedeværelse.

Når jeg tænker tilbage på min sidste kæmpe brandert, og hvordan alle mine stakkels indre organer, som var på et totalt ulønnet kæmpe overarbejde, imens jeg "forsumpede" menneske bare lå med en brystkasse, der hævede og sænkede sig virkelig voldsomt (føltes som en halv meter op og en halv meter ned igen), og alle de abstinenser eller delirium tremens, som det jo var, og sammen med led- og muskelsmerterne, som havde overtaget mit fysiske legeme – DÉR!!! burde døden være indtruffet! DÉR!!! kunne jeg for første gang sige højt: "Kære Gud, HJÆLP MIG!!! eller lad mig dø nu!" ... for egentlig var det jo den beslutning, som jeg i forvejen alligevel havde truffet, og i dag tror jeg på, at jeg blev hørt, og tror på, at Han, Hun, Den eller Det findes, og at der skete et eller andet i dagene efter, som er umuligt for mig at forklare. Det eneste, jeg ved med sikkerhed, er, at jeg fik en enorm tillid til en højere magt, som i dag er den første, der popper op i mit hoved, og ham, jeg starter med at sige tak til. Jeg yder det bedste, jeg kan, i dag, og jeg ved, at jeg bliver belønnet fra oven, for sådan ønsker jeg at tro det. Mødte jeg derimod en mand, som kom over imod mig med udstrakte arme i hvid kjortel samt Jesussandaler og en lysende "aura" omkring sig, 10 disciple og en hærskare af søde små "englebasser", og som råbte *"Hej Johnny, kan du genkende mig hernede på Jorden?"*, ville jeg nok tænke: *"Ham dér er sgu da ikke for klog!!!"*, hvorefter jeg ville sætte min minicrosser i "hare-gearet" og drøne så langt væk som muligt, selvom det er ret begrænset, hvor langt jeg ville kunne nå på én opladning med mine arme 15 km/t., og derefter tror jeg nu egentlig nok også, at min tro på al den der "åndelige" slags ville forsvinde og uddø stille og roligt.

Ugens ord: *erkendelse!*

Det var noget, der tog tid, lige da jeg var kommet ind i Fællesskabet, også selv om jeg udmærket godt vidste, at jeg var drukket i bund. Alt, hvad jeg gjorde nu, var efter bedste overbevisning, også selv om det af og til endte op i lort. Hvad jeg ikke vidste dengang, var, at jeg rent udviklingsmæssigt var rigtig langt bagud, og takket være hjælpen til erkendelse kan jeg i dag tage mine forholdsregler og udvikle mig hver eneste dag samt udvide min horisont bedst muligt og sætte pris på, at jeg har fået en ny chance i livet.

Turen ned gennem Europa 2016

Efter turen til Sydstaterne i USA 2014 lejede min kammerat og jeg en bil (Renault) og drønede ned igennem Europa. Fristelserne kom og gik som sagt stadig, men jeg vidste også, at det var helt normalt for et afhængigt menneske som mig. I ca. 5 år havde jeg nu dagligt skrevet, mediteret og bedt til, at alkohol-oceanet ville holde sig langt væk fra mig, og det havde det gjort indtil nu, med en masse flid og koncentration, for jeg ville ikke slås tilbage til "start" igen. Min kammerat og jeg gjorde derfor status, lavede "spejlprøven" og blev enige om, at alt var vel! Hans gode ven, Tommy, var nu desværre død, men jeg kunne godt mærke, at nogle af de ord, min kammerat kom med, ikke var hans egne, men at de var fra én, som havde givet sin ædruelighed videre, men åh, hvor var det en fryd, når man kunne mærke hele sit liv langsomt, men sikkert blive bedre, og at man igen var klar til at opleve og opdage nye ting, og derfor tror jeg også gerne, vi begge ville væk, leve primitivt og nyde noget så enkelt som en dukkert i en swimmingpool og mad og kaffe på den primitive måde, for nu skulle vi have ferie og bare sove bagi bilen i 6 uger.

Lørdag den 05.03.2016 skrev jeg således til mig selv: *"Jeg tror i dag på, at Gud egentlig bare har ventet på min overgivelse til programmet, for det var ad den vej, jeg fandt Ham. Min frygt forsvandt også langsomt, og sindsroen er større end nogensinde før. Jeg frygter intet, hverken min trang til sprut eller stoffer, krig, sygdom eller død, men jeg ved stensikkert, at min alkoholisme kræver et vågent øje hver eneste dag".*

Jeg og min kammerat drog sydpå i september 2016 og nød turen og friheden, som vi begge havde fået givet. Der var ingen tvivl om, at vi jo slet ikke havde fortjent at have det på denne måde. To ædru drankere med sklerose og andre skavanker, som dog stadig ikke påvirkede nogen af os specielt voldsomt. Jeg starter dog med, hvordan vi kørte hen over de smukke Pyrenæer efter et superophold i Paris' gader, hvor vi oplevede byen i alle afkroge. Eiffeltårnet, Louvre, Notre Dame, Triumfbuen osv.

Nå, men videre over den smukke bjergkæde, Pyrenæerne. Vi landede på en noget udtjent campingplads, som var fyldt op med masser af "vilde kaniner" og udsigt til et smukt sneklædt bjerg. En campingplads, som vist havde været brugt under "Touren" i de gode gamle dage, men nu var ejeren bare en god gammel drukkenbolt, der gik ud og pissede i hækken, når han var trængende, og ellers kastede daggammelt brød ud til sine dyr. Vi smuttede, inden han nogensinde fandt ud af, at han overhovedet havde øjne i hovedet. Det var stadig mørkt og egentlig et meget hyggeligt kørevejr. Vi kørte nu mod Barcelona, hvor vi skulle overnatte på et dejligt primitivt hotelværelse de næste 5 dage.

Dér lærte jeg at være rigtig ydmyg og sidde på et lokum i en time, eller indtil jeg var færdig med alt det, jeg skulle gøre, hver morgen og få læst, skrevet og blive så øm i røven, at jeg næsten fik strithår og tårer i øjnene! Stedet var MIT, og med den ro lærte jeg faktisk, at det var godt for mig på flere måder. AV!

Min gode kammerat har en fantastisk stedsans, som er ikkeeksisterende fra "kørestolshøjde", men hold da op, hvor har jeg set mange gode røve undervejs, ha ha!!

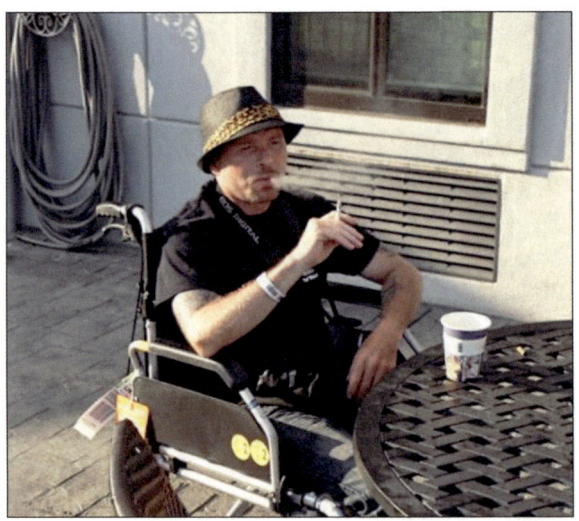

Den 17.09.2016 lød det således: "*I dag er endnu en dag, hvor jeg føler mig heldig over at være et menneske, der arbejder med sig selv. At jeg overhovedet skulle nå at opleve Barcelona, er ikke helt til at forstå. Jeg føler mig ydmyg og taknemmelig over alle de ting, jeg får uden at have fortjent det*".

Vi så næsten hver en afkrog af Barcelona: Sagrada Família, Camp Nou, museer, tyrefægterarena, zoologisk have m.v.

Derfra kørte vi videre mod Rom, igennem Frankrig.

"Jeg sidder her en fredag morgen, på et lokum i Nice, og føler en total ydmyghed over alt det, jeg når at opleve som ædru dranker og skleroseramt.

Andre "normale" velfungerende mennesker gik her for blot få måneder siden. Deres uheldige skæbne blev en bevidst, voldsom påkørsel af IS, lige der hvor vi gik! (Ret uhyggeligt!).

Dagen efter så vi Monaco og Monte Carlo, hvor Mads Mikkelsen spillede med i

James Bond-filmen "Golden Eye", men vi fandt i hvert fald absolut heller ikke en handicapparkeringsplads nogen steder der. (De rige er jo åbenbart heller ikke handicappede?).

Jeg havde indtil nu på turen fået mange gode råd til mit fremtidige ædru liv, og de værktøjer, jeg fik dengang, lever jeg efter den dag i dag".

Vi fortsatte mod Rom. Kørte 800 kilometer på et stræk og endte bare 17 km uden for Rom, på en lækker campingplads, hvor vi skulle bo i et par dage.

Endelig kørte vi ind til selve metropolen Rom, hvor vi skulle bo i 15 dage, inden vi igen kørte mod Alperne.

Jeg håber, at mine erfaringer med livet kan hjælpe andre mennesker på sigt, som ædru dranker og som skleroseramt eller andre ting, der holder dem hjemme, for det er mere sikkert.

Vi ankom til et lækkert hotelværelse, og jeg følte mig stadig svineheldig, at jeg også skulle nå at opleve dette.

Så blev det Colosseum, som har en temmelig spændende historie, Cæsar og hans berømte tommelfinger (op/ned) og alle de bedste krigere i verden, der blandt andet skulle slås med vilde dyr eller hinanden osv. Det er i hvert fald et besøg værd, især når man sidder i kørestol og har en rigtig dygtig hjælper og kammerat med sig.

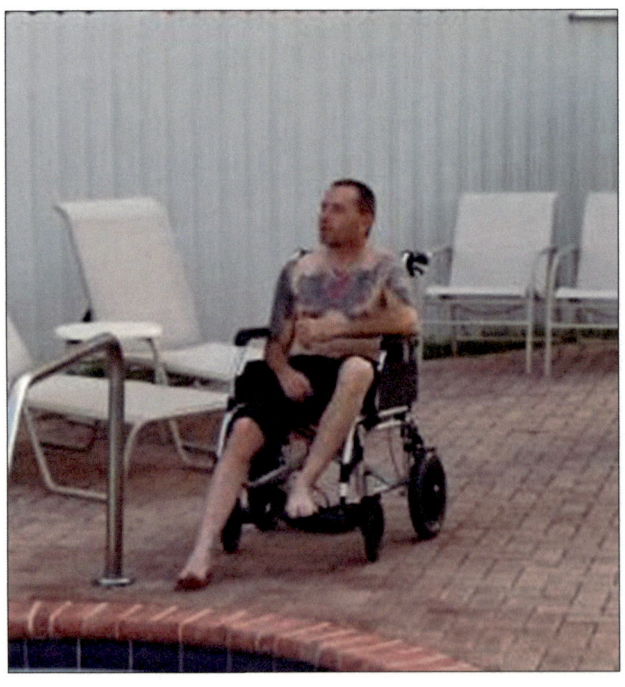

Dagen efter tog vi metroen ud til Vatikanstaten og fik en på opleveren: Trevi-fontænen, Den spanske trappe og så videre, for det var fantastisk hele vejen igennem. Feberen ramte pludselig os begge (madforgiftning), øv!

Der var nu gået over en måned, og ikke én gang var vi blevet uvenner! Det er, fordi man har det godt i hinandens selskab, og begge parter er villige til at bøje lidt af og indgå et kompromis og forlig indimellem, hvis der nu alligevel skulle komme en "lille" spænding.

"Min svaghed er Guds styrke, og dette er med til at give mig den bedste dag. Livet er en prøvelse, inden døden én dag kommer til os alle. Jeg er ikke bange for den længere, som jeg var førhen. Livet er for mig i dag en kæmpe gave, og det tænker jeg tit på, når tingene bliver lidt vanskelige. 1½ måned og en skøn tur rundtomkring i Europa, og wow, hvor har jeg lært meget om andre kulturer og om mig selv og mine personlige reaktionsmønstre overfor nye ting i andre lande."

"Jeg har byttet alle mine dårlige ting og vaner ud med nogle mere konstruktive og fornuftige af slagsen. Måske er dette bare en gammel kliché, men ikke for mig længere, for jeg smed alt over bord og startede på en frisk, selv gamle værdifulde lp'er og videobånd med børnene m.v. røg ud! Jeg er ofte blevet spurgt, *om det ikke ærgrer mig helt vildt, men svaret er vist til at læse i mine øjne!"*

Den 23.03.2016 skrev jeg i min mappe: *"Tiden går derudad, men den går godt, og jeg er taknemmelig over mit liv og min udvikling. Hen over tiden er der nemlig sket rigtig meget, og det er på grund af min overgivelse til Gud, Fællesskabet og programmet. Jeg blev ekstra opmærksom, da jeg hørte, at Islamisk Stat havde dræbt 30 og såret 200 med selvmordsbælter i går i Belgien. Før i tiden, da jeg drak, havde den oplysning fået mig til at drikke endnu mere og blive endnu mere nervøs. Jeg tager den med sindsro i dag, for det er noget, som jeg alligevel ikke kan ændre!"*.

Den 24.03.2016 påbegyndte jeg lukningen af mine arme hos

tatovøren. "En god og en ond" side er, hvad jeg har, og det fik jeg derfor tatoveret i 4 lange timer den dag, av for sa...!, men det er altså også blevet en ny afhængighed, der stopper, når mine arme er færdige.

Året 2017

En ting var, at jeg var ædru, men sklerosen var også en del af mit liv, som jeg efterhånden var nødt til at gøre mærkbar, da den viste sig fra flere og flere sider i min krop efterhånden. En krykke blev til to, og inden længe var jeg afhængig af rollatoren, som oftere og oftere blev taget i brug. Jeg piver ikke, fordi benene ikke vil flytte sig, eller jeg har motoriske problemer i fingrene, når jeg skal spise med kniv og gaffel. Alt går jo alligevel, og ellers må jeg spørge om hjælp.

Netop det år, den 20. januar, blev Donald Trump indsat som USA's 45. præsident. Ja, nu kom der vist et overklasse-menneske, en verdensborger og måske et af verdens syv vidundere? Jeg var nu ikke specielt begejstret eller imponeret over hans ikke særlig ydmyge og måske lidt naive holdning til tingene, efter min smag og mening. Han var på sin måde, og jeg på min. Amerikanere tænker slet ikke som os europæere, så rent faktisk gad jeg overhovedet ikke blande mig i de eventuelle diskussioner, som folk havde. Han byggede grænsemure mellem Mexico og USA og ændrede en masse. Ville ovenikøbet købe Grønland! (Sælge et andet land?).

Nå, men jeg havde besejret mig selv, og jeg vidste godt inderst inde, at det var det største, et menneske kunne opnå i sit liv.

Indimellem spørger jeg mig selv om, hvordan og hvorfor jeg blev alkoholiker. Svaret kender jeg, men det skader ikke med lidt repetition: Tolerance-punktet blev overskredet. I dag "løber" jeg i stedet mod at nå mit åndelige mål. Jeg skal derfor finde en fart og timing, der passer, så jeg ikke giver op lige før målstregen.

Årene 2015-2019 var nogle mærkelige, men også nogle ret morsomme år, for selvom jeg dengang havde fundet én, der virkelig havde brug for min hjælp, var det først tre år senere, jeg fandt ud af, hvor syg hun egentlig var, og derfor skrev jeg således den 20.02.2017: "*Godmorgen! Tilbage i Holbæk efter en rodet weekend, som forstyrrer min sindsro. Det er, som om alle hendes mange ting "snakker" til mig. Jeg nyder derfor at komme hjem til renheden og stilheden.*

Før var alkohol min ven, der hjalp mig igennem dagen, men pludselig en dag vendte den sig imod mig og blev min fjende. Det samme skete i forholdet, og intet virkede længere for nogen af os. Så når stormen raser og mit sind er i oprør, må jeg søge tilflugt hos Gud".

Møderne i Fællesskabet tager jeg til for at holde mig ædru og væk fra min værste fjende, kong Alkohol, der vil elske at få mig sat til vægs. Det må absolut ikke ske, og derfor håber jeg på, at jeg kan hjælpe andre alkoholikere, da det hjælper mig selv.

Jeg fandt ud af, da jeg trådte ind i Fællesskabet første gang, at fra nu af skulle alt laves om!

Ugens ord: *frihed!*

Hvad er frihed for dig? Frihed for mig i dag er, at min tidligere flugt gennem sprutten er passé, og at jeg kan se mig selv i spejlet hver dag og grine af den tidligere sindssyge tosse, der er indeni. Jeg har mennesker omkring mig, som vil mig, og som i dag magter at være i stue med mig.

Jeg har fundet min C., som jeg virkelig elsker dybt i mit hjerte, og ikke det tidligere, overfladiske og iskolde fis. Jeg tør stå ved, hvem jeg er i dag, og det er frihed for mig. Frihed er også de 24 timer, jeg så ufortjent har fået i dag.

Det sydlige Spanien 2018

Endelig var jeg stoppet definitivt med rygningen også, men i et halvt års tid var jeg totalt lakrids-DAMPER! … Ååhhh, det var så fjernt fra rygningen, men alligevel skulle jeg da lige ud og have mit "aftendamp", inden jeg gik i seng. Bare ordet kan give mig gåsehud i dag. Til sidst fik jeg nok og kastede hele lortet over bord, eller det havde jeg gjort, hvis jeg havde befundet mig på en båd ude i vandet! I hvert fald holdt jeg op.

Lørdag den 24.04.2018 var dagen endelig kommet, hvor min gode kammerat og jeg drog mod varmere himmelstrøg. Vi tog afsked med sne, is og kulde. Alt var nu pakket og klart til vores lange varme tur mod Andalusien.

Tyskland, Belgien og Frankrig blev nået dagen efter, takket være Scandlines-færgen, vores spritnye Peugeot 5008 og Guds vilje. Nu var vi rigtigt på vej. Allerede om mandagen kom vi til Spanien, og varmen omklamrede os, som om den havde savnet én.

Tidligere skrev jeg, at dissemineret sklerose og varme ikke passede sammen, men i Spanien føles solen ikke så aggressiv som herhjemme, synes jeg.

Skærtorsdag vågnede jeg op i Mijas i Andalusien, hvilket var ret sejt, men det mest morsomme var, at vi nu var på "Linses Bed & Breakfast". Hende, der er meget kendt fra "Familien fra bryggen" på TV3, med den tidligere enorme barm samt hendes megagode bokse-lillebror, Mikkel Kessler. Vi fik også snakket lidt med "Moster Niller", Alba, Stephanie, Cengiz og nogle kamerafolk, som gudskelov undlod at filme os.

Senere tog vi svævebanen, og hold da op en udsigt og flot oplevelse. Poolen var også klar til at indtage min spæde krop med det iskolde vand, som er ret godt for mig, men det der vinterkolde vand var næsten lige i overkanten, når man kun bruger ét ben og to arme.

Nå, jeg klarede det da, og jeg havde det rigtig godt efter "isbadet". Faktisk tror jeg gerne, Linse havde varmet mig med sine store "kasser", hvis hun stadig havde haft dem, og hvis hun havde været hjemme den dag, ha ha …

Dette liv i varmen hjalp mig til at være ovenpå. Det kunne da være fedt at kunne bosætte sig i Sydspanien i et halvt år ad gangen, og det virkede pludselig mere realistisk nu end nogensinde før, men jeg var altså bare på en 2 måneders rejse. Min kammerat og jeg kørte en tur oppe i bjergene og så på herrelækre huse og en helt vild udsigt.

Livet hos Linses Bed & Breakfast er ovre, og det har været jerngodt. Fremtids-Peter syntes dog, at min kammerat og jeg var så seje, at han ville lave en dokumentar med os og lægge den på YouTube. Den skulle handle om, hvem vi var, og vores måde at rejse på osv. Vi afslog hans tilbud, da vi begge er på førtidspension, men det var da sjovt at være "millionær for en dag".

Vi kørte en tur til Ronda og så en ca. 500 år gammel tyrefægterarena (dem møder du sjældent i DK).

Den 01.04.2018. Dagen, hvor vi fortsatte til Málaga, hvor de holdt påskefest, Jesu opstandelse og Maria blev fejret. De gør det virkelig flot, med store tunge hellige figurer af hovedpersonerne, og duften af røgelse bredte sig langsomt mellem et hav af katolikker i alle aldre. Vi fik lov til at sidde helt oppe ved siden af dommerbordet, fordi jeg var i kørestol.

Et par dage efter var vi på den smukkeste sejltur, efter at have været rundt på Málagas havneanlæg, hvor "de rige" holder til med alle de fedeste biler. (Jeg tager da bare en Flextrafik herhjemme, ha!). Vi steg af og gik op og drak kaffe en times tid. Derpå tog vi båden tilbage igen.

Spanien var så lækker, men en morgen, da jeg vågner, sidder jeg og skumler lidt over nattens hændelse. Jeg pissede i bukserne på vej hen til lokummet, og jeg havde slet ikke drukket noget! (Nå, der vil altid være lidt ..!).

Næste dag gik turen til en zoo i Fuengirola i Málaga. Der var opvisning med nogle af havens dyr, men det, der skete senere om natten, var øv! Jeg var vanvittig forstoppet (familiesvaghed!), men jeg fik også klaret det "lille" problem denne gang. Marbella Camping var et rigtig dejligt sted at være, for vi var tæt på alting.

Flere ferielejligheder skulle også lige lures udefra. Vi havde begge en lille hemmelig drøm om Spanien. Turen gik også til Estepona, hvor vi blandt andet så deres botaniske have, for når det har valgt at regne i Spanien, så regner det igennem, og lidt flere lejligheder skulle vi også lige tjekke ud ... Desværre er jeg i skrivende stund alt for fysisk medtaget, så det desværre ikke ville være en fornøjelse for mig at tage væk i længere tid mere. Ja, desværre er jeg udfordret på rigtig mange måder, og det starter, så snart jeg slår øjnene op. Spørgsmålet er, om jeg er "mættet" af rejseriet, eller om jeg skal tage udfordringen op og så bare tage afsted i færre uger. Jeg griner indvendigt, når jeg ser mig selv på vej ind i en flyvemaskine, på toiletbesøg, badende osv. ÅH GUD!!! Ja, lige nu er jeg "mættet", men jeg har også været det halve af jorden rundt på de 10 år, hvor jeg har været ædru.

Så blev det Gibraltar, da vejret igen var til det. Jeg blev dog ved med at have problemer med min blære, øv! Gibraltar blev besøgt, men vi syntes begge, at det var noget engelsk lort! Derefter kørte vi til Fuengirola og gik en fed tur i den smukke havneby. La Chambre i Granada blev besøgt, og vi så rigtig meget, fordi vi kørte i et slags turisttog, hvor nyrerne nær var hoppet ud, og man var glad for, at man ikke havde et gebis, der kunne flyve ud af gabet på én.

Den hårdeste pædagog, jeg nogensinde har haft, er min kammerat, og det er jeg glad og taknemmelig for, da det er den måde, jeg åbenbart skal have det ind på. Gud er på min side, og han er den store mester, når det gælder lærdom og viden. Min tålmodighed bliver ofte sat på en hård prøve, men inderst inde ved jeg, Han har ret. Jeg skal yde, før jeg kan tillade mig at nyde, for jeg ved, Han ikke ønsker, at jeg skal hvile på laurbærrene.

Middelhavet skulle da også lige mærkes, ligesom Miami Beach. Åhr, jeg var godt smadret dagen efter, fordi jeg var nødt til at "krabbe" mig igennem sandet og brugte sindssygt mange kræfter.

Onsdag den 18.04.2018 var vi til et kæmpe delfinshow med 9 delfiner (megafedt!). Jeg ved, at oplevelserne får en ende en dag, og hvad jeg får i dag, er den rene bonus. Derfor må jeg præstere det bedste, jeg kan.

Fredag den 20.04.2018 blev min kammerat og jeg tilbudt en masse penge, hvis TV3 måtte lave 10 udsendelser med os, om vores roadtrips, hvor vi konstant skulle pudres i ansigtet og hele tiden have et kamera efter os. Jeg havde endelig fundet den fred og sindsro, som jeg i vanvittig mange år havde søgt igennem sprutten og stofferne. Alt ville blive ødelagt for mig igen, hvis jeg havde sagt ja!

De åndelige gaver blev dog alligevel ved med at vælte ned i min turban, med positive oplevelser, som man langtfra havde fået, hvis man stadig havde drukket. Vi kørte til Torrox, som er Europas varmeste by, cirka 100 kilometer fra Marbella, hvor vi sad og nød en kop kaffe, imens vi sad og beundrede havets vilde brusen. Derefter kørte vi til Balkonen over Europa (megahyggeligt).

Dagen efter kunne vi holde en velfortjent fridag, hvor vi indtog poolen i flere timer, hørte lydbog og fik is, slik og kage osv. Det var dog en meget dum idé for min kammerat, for han knækkede selvfølgelig lige sin kindtand, hvilket var noget rigtig lort, da det var weekend (selvfølgelig!). Om det var tilbagebetaling for alle de fede stunder, vi havde haft indtil nu, ved kun Gud. Min kammerat kom til tandlæge dagen efter klokken 13 i Fuengirola hos en dansker (fedt). Da vi kom hjem, tog vi kaffen med ned til middelhavet og fik badet i det salte vand, imens havets øredøvende bølger viste, hvor meget magt de egentlig besidder. Om tirsdagen skulle herrens tænder ordnes, og han var i det bedste humør bagefter. Vi gik på standen og derefter op og spiste sværdfisk. Vi skreg begge to af grin, da vi kom ned til bilen igen, for tjeneren behandlede os, som om vi var årets homopar (han var selv homo) – han vimsede rundt om os konstant og smilede på en ret skræmmende måde, og da han så kom med desserten stod min forstand da helt af. Et bæger is og to små skeer. Lige der kunne jeg godt have sagt noget, men næh, vi gik med på hans lille bøsseleg, åd halvdelen af isen hver, betalte og skyndte os væk, og så kunne han jo klø sig i sin lille røv imens, ha ha ...

En uges tid efter daffede vi igen mod Danmark efter en rigtig fed ferie. Den 24.04.2018 var "kronen" til bisserne færdig, og jeg glædede mig efterhånden til at komme hjem og prøve den nye lærdom af. Det var den fedeste måde at være til møde på og også et ret langt ét af slagsen.

På den tur lærte jeg en masse om mig selv, og også at al tvivl stammer fra hovedet/hjernen, uanset hvad der tricker dig.

Vi kørte 15-16 timer fra Andalusien. Jeg følte mig lidt mere befriet af min fortid, som jeg også var begyndt at skrive lidt om, fordi jeg vist bare godt kan lide at skrive. Dog havde jeg ikke set det komme, at min lille bog "Mit liv som dranker" faktisk udkom en dag, den 21.05.2021, og hvorfor vil du snart finde ud af ...

Nå, men i hvert fald havde jeg ikke været hjemme i mange dage, før der kom en beskyldning, som jeg overhovedet ikke kunne sidde overhørig. Selvfølgelig var jeg klar over, hvor og hvem der havde startet den frygtelige løgn, og tog straks "tyren ved hornene". Jeg gik ind på hans værelse, slukkede partout for hans computer og så ham meget direkte ind i øjnene og spurgte, om han mente det som en joke, eller om han virkelig ikke var rigtig klog, og om han ville starte en sag på en løgn (ret dum idé). Det var selvfølgelig møgungen, hvis mor jeg var kommet til at "låne" en gang imellem. Drengen var nu så ondskabsfuld og rasende af jalousi, så alle kneb gjaldt. Fra den dag af så jeg ham ikke igen, og moren blev sendt samme sted hen, kort tid efter, med ordene "hav det godt!" For man kan ikke både få i pose og i sæk og så samtidig tro, at jeg virkelig er så dum.

Jeg cyklede stadig sammen med Hanne hver morgen klokken 7, efter vi kom hjem, og jeg fortsatte også med at hjælpe en anden alkoholiker til et godt, sundt og ædru liv.

Ugens ord: *langfredag*

… er en helligdag, hvor Jesus døde på korset og ofrede sig for menneskeheden … – men for mig er det også en tid fyldt med minder om min egen mors død og masser af massiv druk på grund af tabet. I dag har jeg masser af mennesker omkring mig, der ser den kæmpe forandring, jeg har været igennem siden 31. maj 2011, da jeg nåede min personlige bund, og alt det, som jeg har nået indtil nu. Jeg er taknemmelig over, at jeg kan sidde i "familiens skød" og se tilbage på dengang, hvor det bare gjaldt om at finde en udvej og undskyldning for at kunne forsvinde væk i mit helt eget "lorteliv", og i stedet for nyde dagen i dag.

Forgiftet og forstoppet, 2019

I flere år har jeg haft et ret mærkeligt tarmsystem, der har levet sit eget liv, og ifølge min mormor var det bare en "familiesvaghed", så det har jeg altid troet på. For øvrigt kunne jeg snildt gå i fire dage, uden jeg behøvede de der daglig besøg på toilettet. Det gjorde dog mere og mere nas i min mave, men jeg tænkte jo bare "familiesvaghed!", og livet gik jo også videre. Jeg startede på noget medicin inde på Roskilde Sygehus, som jeg havde prøvet én gang før, og det viste sig, at jeg ikke kunne tåle det, men det var hende, der udleverede det, ret rolig omkring. Det korte af det lange var, at min krop lukkede ned og jeg gik i koma. Der lå jeg så og skreg som en vanvittig og af mine lungers fulde kraft, imens jeg rev mig fuldstændig til blods i min hårpragt, og lige netop det syn var vist ikke så kønt, for jeg havde lydt som en "rasende bjørn", og jeg havde heller ikke været til at holde ud at høre på, så i stedet lagde de mig i kunstig koma, og alle vegne var der nu respirator og slanger.

Jeg havde haft et blodtryk, der hed 60/30-240/130, hvert andet minut. Jeg fik sondemad og havde en masse ledninger koblet til mig via respiratoren.

Da jeg var kommet ud af komaen 3 uger efter, ville jeg kun have kartoffelmos. Hun kunne derfor gemme alle de mange piller deri, indtil jeg fik tygget på en af dem. Jeg lignede en, der havde spist en citron.

Jeg kunne overhovedet ikke røre mine arme, lige da jeg vågnede, og mine øjne pegede i hver sin retning, så jeg må have været et ømt syn.

Christianshavns Kanal (koma-drømme)

I marts 2019 havde jeg som sagt en voldsom forstoppelse og blod-
forgiftning, så jeg endte en tur i koma med de vildeste drømme.
Mærkeligt nok er de fleste af drømmene stadig rigtig tydelige for
mig, og indimellem er jeg også sikker på, de fortæller mig et eller
andet. Måske kontakter jeg en dag en drømmetyder, der måske
kan fortælle mig, hvad det mon handler om.

Første drøm

Et meget fint ægtepar og deres datter (rigtig fisefornemme!) ejede
et wellness- og kursted. Startede pludselig et rejseselskab op, men
glemte, at alle os gæster faktisk også skulle hjem igen fra Spanien,
men det var konen stort set ligeglad med og fik os tilsendt lidt
iskold frugt til den meget varme dag. Det viste sig, at de var plat-
tenslagere! Hun (konen) var især upopulær, da vi kom tilbage til
Christianshavn, og hun blev frosset ud. Der var en søster tilbage,
og pludselig skulle de skændes om julen, for den var lige op over,
og hvor og hvordan skulle den holdes? Jeg spurgte escortpigen,
om hun ville hjælpe mig op fra gulvet, for pladsen var pludselig
blevet lidt trang pga. de mange mennesker, og jeg måtte videre.
Sjovt nok gad hun heller ikke være der længere, da taget var ble-
vet slået af med en stor jernkugle til at rive bygninger ned med,
fordi der endnu engang ikke var blevet betalt husleje til tiden. De
blev alle slæbt med på stationen, men jeg fik lov at slippe, da jeg
havde sklerose. Vi nåede kanalen, og hun fortalte, at den båd, der
lå der, var den hun skulle ofre sig i over for alt og alle. Tårerne
løb ned ad hendes kinder, og ejeren af den store luksusbåd havde
også taget godt for sig af de kødelige retter, selv om han var gift.
Nu vendte hun sig direkte over imod mig og tryglede om, om
jeg ikke nok ville være hendes nye kæreste, så alt det her kunne
stoppe nu. Hun og hendes knægt på 16 år ville så gerne starte på

en frisk. "Næh", sagde jeg, "hende, der står ovre på den anden side af kanalen og venter, er min kæreste, så ellers tak!" Hun og hendes søn begyndte nu at samle våben, for de var rasende over min beslutning, og så var krigen i gang. Det startede med nogle forfærdeligt høje brag, men så blev alt igen stille. Da natten meldte sin ankomst, blev der pludselig råbt og skreget: "Kom nu herned, dit feje svin!", og ja, det var mig hun mente. Der lå jeg så med en puls, der vekslede mellem 60/30 og 240/130, imens der blev skudt løs på butikker, biler osv. Jeg fandt ud af, at de var fulde (jeg har været spruttørstig!), for pludselig var de alle hjemløse og dybt påvirkede. De fandt mig oppe hos præsten, der ifølge lov og orden var totalt fredet. Jeg kunne stå og se, hvordan de tumlede rundt med halvtomme våben og flasker.

Anden drøm

Jeg gik over i moskéen og ventede på, at det var tid til, at jeg kunne få lagt et topkateter, og imens kom der smågrædende drengebørn ud efter en omgang omskæring. Oppe bag altertavlen var det, som om jeg nu pludselig så noget levende. En rød og en blå kongeboa (av for sa...!). Den ene havde lige lavet et hul til topkateteret, men én imam kom grinende hen til mig og sagde: "Tja, vi holder ramadan i denne måned, så vi udfører ikke operationer i denne måned", men det kunne jeg jo se, var lodret løgn, og i stedet for at diskutere med ham lukkede det nylavede hul sig bare igen, og så var slangerne og den drøm slut. Derimod røg jeg over i noget med nogle kufferter, der var fyldt op med penge/computerspil og noget meget forvirrende noget ... På et tidspunkt ville min x-kæreste giftes med mig, så hun havde købt for kr. 35.000,00 Slots-øl i Tyskland for mine penge, og hun anede heller ikke, hvem der mon skulle drikke alle dem. På et tidspunkt kom en lille pige med Downs syndrom over til mig og spurgte, om jeg ikke nok ville købe et af de æg, som hendes høns havde lagt, for en krone. Jo jo da, men fra da af kom hun hele tiden og spurgte, om jeg ville købe hendes dumme æg for en krone, og jeg var ret irriteret over det, men folk grinede bare ...

Den sidste lange drøm, jeg husker, var om en sygeplejerske, der bare sad og sagde ingenting. Det var, som om hun var blevet frosset ud af sammenholdet. Jeg spurgte, om der var noget, jeg kunne hjælpe hende med. Efter noget tid kiggede hun meget alvorligt på mig og spurgte, om jeg virkelig mente, at jeg kunne tåle sandheden, for det ville komme til at gøre rigtig fysisk ondt på mig, og når hun havde givet sin version af historien, var det hendes eneste veninde, der gennem fysisk afstraffelse til en mandsperson kunne få hende ud af sin indelukkethed. Efter en del overvejelse sagde jeg ja, og hun gik stille og roligt i gang med fortællingen om sin fortid. Hun havde fundet manden i sit liv, og nu arbejdede de på, at hun skulle blive gravid, men det var ingen let opgave. Dog lykkedes det til sidst, inden alt håb forsvandt. Hun var pavestolt alle 9 måneder. Deres barn blev født og døbt, og gaverne væltede ind ved barnedåben, og lykken ville ingen ende tage. Vuggedøden ramte familien, og sygeplejerskens svigermor gav straks hende skylden. Der var "bål og brand"

imellem hende og svigerfamilien, men hun måtte bare leve i det, som det var, for hvor skulle hun gå hen? Hendes mand havde fundet en anden pige, da han ikke gad at være en del af al den ballade, der var derhjemme nu. "*Er du klar?*" spurgte hun med en ondskabsfuld undertone?" "*Øh, ja*" ... Nu åbnede hun et skab fyldt op med alverdens dåbsgaver og begyndte skrigende at kyle tingene imod mig, og hvor hendes kræfter kom fra, ved jeg ikke, for der kom klapvogn, tremmeseng, kommode og legetøj imod mig, og pludselig stod hendes veninde også derinde, og de blev ved med at smadre alting imod mig. Blodet løb ned over mit ansigt, men så stoppede de pludselig, og de mente, at nu havde jeg vist fået nok. Pludselig var jeg tilbage på sygehuset, og nu havde sygeplejersken igen gode kollegaer, der ikke gik og hviskede i krogene. Fortidens onde ånder var endelig begravet. Jeg drømte mig tilbage til den lejlighed, hvor jeg bor i dag, og morfinen må have virket perfekt, for alle gangene var buede, og alt var lavet om til en slags byggeplads, og intet virkede normalt mere. Min kære underbo var væk. Jeg kunne ovenikøbet få en ekstra lejlighed, hvis jeg igen kom op at gå, så jeg kunne sætte den i stand, og forvirringen var total, for jeg kunne ikke røre mig ud af flækken. Jeg husker, at tingene var ret forandrede, da jeg vågnede, for min underbevidsthed var klar over, at der var noget galt.

Tredje drøm

Foregik inde på Israels Plads i København, hvor jeg tit var inde som "ung knægt" for at kigge på alle frugt-/grønt-/blomsterhandlerne, der råbte deres individuelle priser helt vildt højt op! Nå, men nede i en slags hule boede der en rigtig flink kvinde med sin søn. Hun samlede æsker af pap i alle regnbuens farver og former, både store, små, aflange og runde (mange æsker), som hun solgte til nogle udlændinge, men hun var jagtet af en anden gruppering af udlændinge, og hun måtte derfor flygte, da hendes æsker var vildt populære. Inden hun forsvandt, tog hun min halskæde af og sagde: Du får den tilbage, når vi ses igen, Johnny. Jeg venter stadig på at få den tilbage. Og hvem ved, om der en dag kommer en og giver mig hele forklaringen på alt, hvad der er foregået i mine morfin-tåger?

Fjerde drøm

Foregik inde omkring Christiania i København. Den herlige fristad, som alverdens politikere har prøvet på at smadre gennem tiden. Men som Gasolin altid har sagt: "Christiania overgiver sig aldrig!", og ja ja, de er der da endnu! Og nu til drømmen, for ja, der lå rigtig mange udtjente både, som var blevet efterladt i vandet omkring fristaden, og i en af dem boede der en slags "tusindfryd" fra filmen "Midt om natten" med Erik Balling som instruktør og Kim Larsen og Erik Clausen i hovedrollerne som Arnold og Benny. Nå, men han havde indrettet "skuden" som en slags bolig, og det samme gjorde jeg. Dog var det bare en anden "koma-patient", der kom ind på min stue, og nu lå vi så der side om side, med et lille gardin imellem os. Nå, men det blev drømmen slet ikke kedeligere af, for "tusindfryd" og jeg fik mad, og vi fik spillet en masse kort, men tiden gik vist også med at lappe huller i vores både. Én dag kom han ikke op af båden, som han plejede. Jeg hørte ham lyde som en "syg høne", der hostede og spruttede helt vildt. Manden lå drivvåd og iskold, for han havde ikke fået lappet alt, og sjovt nok lå vi begge pludselig på samme afdeling i min lille "koma-seance".

Ja, der skete skam en masse under min koma, og selv om jeg var væk, kan jeg stadig erindre de der sure pinde, som min x-kæreste syntes var morsomme at putte i gabet på mig, for så har jeg nok set ud som Kaj fra "Kaj og Andrea".

Min x-kone undrede sig stadig over, hvordan jeg kunne drikke mig fuld/halvfuld eller ryge mig langt væk i hash eller pot-tåger og så være klar til at være far for mine 3 børn, når de kom hjem fra institution. Ingen ud over mig kendte "hullet" under græsslåmaskinen, med den tynde plade over. *Dernede!* var mit køleskab til al min sprut, og det var mit og kun mit.

Alle gode gange 3 ...

Åhh ... Jeg søgte den rigtige kvinde i mit liv, men valgte forkert de første 2 gange, selv om jeg var ædru. MEN selv om det også startede som den afhængighed, jeg kendte, og en længsel efter en eller anden slags uopnåelig kærlighedslykke, og jeg faktisk havde stoppet det projekt med kvinder, fordi jeg rent fysisk langsomt var på vej til at blive permanent kørestolsbruger, og dér fandt jeg pludselig ud af, at hvis jeg tog det roligt og ikke bare fokuserede på et kønt ansigt, en god bagdel og faste dejlige bryster, kom min søde C. helt af sig selv, og denne gang var det virkelig ALLE GODE GANGE 3. Mit hjerte banker stadig igennem for hende den skønne, smukke, tyske kvinde, der fandt vej til mig igennem sklerosen. Hun havde bare for sjov, en dag, mens hun sad derhjemme hos sig selv, søgt på ordet "sklerose", da hun godt kunne tænke sig et nyt og lige så humørfyldt bekendtskab, som hun havde haft med en anden skleroseramt borger. Ifølge hende selv grinede de rigtig meget, når hun kom hos ham for at hjælpe ham.

Han havde smidt alle de andre hjælpere ud, når han vidste, hun var på arbejde, for han ville kun have hendes hjælp (forståeligt nok!). En dag, da hun mødte glad op på arbejde efter flere velfortjente fridage, fik hun at vide, at han desværre var afgået ved døden om natten, øv! Nu var både hendes x-mand gennem 27 år og hendes gode ven døde inden for kort tid.

Vi er rigtig glade for hinanden, og hun elsker min kampgejst, min sindsro og min glæde over livet, selv om jeg har mange udfordringer, som hun siger. Ja, man bliver vel nok også langsomt ædt op af den her sygdom, men jeg vil kæmpe lige til det sidste, og igen er der ingen udløbsdato for nogen af os alligevel. Jeg har fortalt hende rigtig meget om sygdommen, og hun har selv læst en masse, både på nettet og i diverse blade, men hun bliver ikke skræmt. Forleden dag, da vi sad og drak kaffe og snakkede, sagde hun pludselig noget, som overraskede mig ret meget. "Kan jeg ikke bytte mobilnummer med din søn, så han kan ringe til mig, hvis nu der sker dig noget?" Jeg blev rigtig glad, varm og lidt skræmt, men selvfølgelig, hvordan skulle hun ellers få noget at vide, når hun ikke lige var i min nærhed?

Den ømhed, hun viser mig, gennem blandt andet kropsmassage, skræmte mig lidt i starten, for det mente jeg ikke helt ‚at jeg havde fortjent, men hun lægger virkelig en ære i den blide massage og de små niv, som jeg slet ikke kendte til, og så hvisker hun stille: *"Jo, du har om nogen fortjent at have det rart"* og kysser mig forsigtigt på munden og fortsætter. Det er heller ingen hemmelighed, at hun nogle gange kan give mig en lille klump i halsen. Jeg har snakket en del om åndelighed igennem bogen, og jeg kan heller ikke lade være med at nævne det i denne sammenhæng. Vi føler os begge rigtig lykkelige og elsket af den anden part. Samtidig føler vi os styret af noget uforklarligt (som jeg dog kalder for Gud!).

Ugens ord: *spejlet!*

Jeg var lidt i tvivl om, om dette skulle med, da ikke alle mennesker vil få den wow-oplevelse, som jeg fik, dengang jeg havde været ædru i lidt over et år, da jeg prøvede det første gang, og i dag bruger jeg det, når jeg skal se, om noget er i orden og godt for mig i længden. Derfor vil jeg på det kraftigste advare sarte sjæle om at gøre det, som jeg fortæller nu! Alt er selvfølgelig på eget ansvar, og prøver du det alligevel, så stop, hvis du mærker ubehag i løbet af tiden, der går.

Hvorfor kalder jeg det "spejlet"? Fordi så enkelt kan det bare siges! Men jeg kan selvfølgelig også kaste mig ud i noget med "totalt enkelt flere-minutters genspejling af dit eget liv her og nu", hvis det gør det nemmere? Nej, vel?

Lad os sige, du er på vej til en konfirmation med familien eller en nytårsaften med vennerne, men din onkel Erling, som er kendt for at være ret tørstig og altid festens midtpunkt, når han har fået en masse alkohol, skal med. Åh, nej … Du er ædru alkoholiker, og kan du klare ham og alt det vin, der hele tiden går rundt om bordet, når man er forholdsvis ny-ædru? Eller den megahøje musik og Bacardien og alt det andet sprut, der bare er en selvfølge til de fleste "ungdomsfester"?

Du kan finde ud af, hvor du helt sikkert står, hvis du står og kigger direkte ind i dit eget blik i 7 minutter, og i den tid skal du spørge dig selv, hvor du er i forhold til de folk, der nyder alkohol. Har du ikke fået nok, og hvad sker der, HVIS du tager den første? Er det virkelig det værd? KIG dig dybt i øjnene, og fæld gerne en lille tåre i bar taknemmelighed over, at du har besejret "kong Alkohol", eller fordi dine øjne svier helt vildt! Som tidligere nævnt laver jeg spejlet én gang om året, og i dag kan jeg snildt stå og kigge i et kvarter eller længere uden problemer. DU KAN NU KLARE ALT, og jeg ved godt, hvor meget det kræver hver dag. Men du har lige fortalt dig selv og din underbevidsthed, at hverken onkel Erling eller nogen andre vil kunne få dig til at drikke i dag.

Jeg har indimellem tænkt: *"Hvorfor fa'n drikker jeg mig ikke bare ihjel og får det overstået?"*, når min sklerose er virkelig hård og anstrengende og alle mine rystelser og smerter fylder op i min dagligdag. *"Aldrig!"* er mit svar, for hver eneste dag som ædru er fantastisk, og sådan håber jeg virkelig også, at jeg dør!

Jeg vil overhovedet ikke spille klog på alkoholens luner, men hos en alkoholiker som mig var det hverken den anden eller den tiende drink, der var skyld i min destruktive adfærd, men altid den første! Løbet var kørt, når alkoholen svømmede rundt i min krop, og alle mine organer var på et vanvittigt overarbejde. Jeg kunne intet stille op, for selvdisciplinen var væk, uanset om folk eller

106

sågar mine børn så stod og skreg mig ind i hovedet, at jeg skulle lade være! (Komplet ligeglad). Det gælder for mig om at bevare fatningen, selvom der er tumult og ballade omkring mig. Den indre angst og uro er dog stort set forsvundet, da jeg får mere og mere sindsro igennem programmet. Jeg må passe mine ting, såsom skrivning, en lille eller stor bøn til Gud, eller hvad man vil kalde det. Hvis du vælger, at din pagaj til kajakken er din højere magt, er det fint, men du må bare ikke vælge et andet levende menneske, da vedkommende dør på et tidspunkt, og det samme med din eventuelle sponsor, som bare giver det videre, som han/hun har fået for givet. Sæt derfor aldrig din sponsor/sparringspartner, som jeg kalder vedkommende, op på en piedestal, da vedkommende stadig kan få et tilbagefald, med en dødelig udgang, og hvad er det så værd, at vedkommende er blevet til din "verdensmand"?

Ofte tænker jeg på, hvor heldig jeg egentlig er, så jeg har søndag den 19.02.2017 skrevet således: "Forberedelserne til den nye dag er i gang, så intet vil stå i vejen for mig. Dette led er vigtigt, så jeg kan få tanket positiv energi ind i hovedet fra start af. Jeg ønsker, at Gud vil afsløre sine åndelige skatte for mig en dag, og at jeg må holde ud og virkelig tro på det, indtil den sidste dag oprinder her på moder jord."

Når jeg venter på noget i mit liv, må jeg ofte udvise rigtig meget tålmodighed, en ting, som jeg aldrig har været god til. Fællesskabet har dog lært mig, at intet kan lade sig gøre, før tiden er moden. *"Jeg ønskede en 5-års mønt, da jeg blev ædru, og det skulle da helst være efter mit første eller andet møde, for nu skulle jeg fanme nok vise verden – ha ha – at jeg ikke ejede skyggen af tålmodighed! Men det er blevet meget bedre nu, og da jeg så endelig kunne få min 5-års mønt, gad jeg da slet ikke have den!"*

Epilog

En god blanding af McDonald's-friture og lugten af hav kunne nogle gange ramme min lugtesans på lang afstand, hvis vinden kom rigtigt ind fra nordøst, nu hvor jeg ikke havde røget i flere år. Mågerne var meget stille i disse tider og lå og rugede igennem på deres "paraffin-oversprøjtede æg", for at bestanden kunne holdes nede, hvis man skulle kunne holde ud at sidde udenfor og ikke konstant høre på deres evindelige skrigeri, for de lød nogle gange, som om de virkelig havde meget ondt i maven.

Togskinnerne var nu ved at blive klargjort til elektrificering i 2024, og da den værste hamren og banken var overstået for nu, kunne jeg igen sidde ude på min dejlige altan og nyde alle de rustfarvede pæle, der var spændt godt fast på de betonelementer, som var hamret langt ned i jorden, og faktisk skulle være der i måske langt over 100 år, i nærheden af skinnerne. Det bedste var alt det smukke krom, der stak ud foroven, til at bære alle ledningerne, der nærmest skinnede som guld i solens stråler. Faktisk ligner det smukke guirlander og noget, der er taget ud af en amerikansk film, og gudskelov rører det overhovedet ikke mit fantastiske udsyn over fjorden, for jeg bor akkurat så højt, så det slet ikke generer mig. Vectron er navnet på de nye ellokomotiver, som kommer til at erstatte de udskældte IC3- og IC4-dieseltog, men jeg er også taknemmelig for, at de brølende ME-lokomotiver bliver udfaset, for deres dieselos fiser lige op i min lejlighed. Vecron er et endnu stærkere tog, der kan køre op til 200 km/t. og er langt grønnere end de nuværende dieseltog.

Mit liv er nu igen begyndt at tage form, og jeg har igen lyst til at se den store verden med min kammerat, men også nogle kortere ture sammen med hende min skønhed. Mit liv skal leves, og når coronaen er lidt mere død, end den er lige nu, selvom mange er blevet vaccineret, vil jeg vente med at rejse indtil tidligst år 2022, da pandemien sikkert ligger og ulmer lige under overfladen. Fra marts 2020 og til sommeren 2021 har virkelig været en hård tid for rigtig mange mennesker. Mange er døde, der kom konstant nye restriktioner og forbud. Ja, når jeg var ude at handle, kunne jeg direkte se, at de handlendes angst var i højsædet. Nogle mennesker klinede sig nærmest op ad kølemontrerne, når jeg kom kørende på min minicrosser inde i forretningen. Men jeg tog selvfølgelig også mine forholdsregler med mundbind, håndsprit og selvvalgt isolation flere gange, hvor jeg kun så hjemmeplejen om morgenen, når de skulle hjælpe mig med at give mig støttestrømper på og hænge mit rene vasketøj op og dagen efter pille det ned, og når min søde kæreste selvfølgelig kom og holdt "miniferie" fra lørdag til tirsdag hver anden uge. Jeg må indrømme, at jeg bestemt ikke har manglet noget i denne forfærdelige tid. En episode glemmer jeg dog aldrig: Det var en mand i tresserne, der nøs mig lige ind i skallen, så jeg modtog alt hans klamme snot og savl. Da jeg havde tørret mit ansigt, råbte jeg alt, hvad jeg kunne, imens jeg kørte efter ham inde i supermarkedet: *"Hvad helv... leger du, din gamle nar! Har du overhovedet ikke fattet en skid af, at vi er midt i en pandemi"*, og imens han småløb rundt i forretningen, lå jeg lige i røven af ham på minicrosser, for ja, jeg vidste, at mit liv ville være slut, hvis jeg gik i koma og skulle ligge i respirator igen. (Det vidste han selvfølgelig ikke noget om!).

Ensomheden var for mig engang at sidde oppe på mit køkkenbord med vodkaflasken mellem benene og kigge ud igennem nogle gamle støvede persienner i et trist og koldt hus ude på bøhlandet. Ofte tænker jeg på, hvor mange indlæggelser jeg mon ville have haft på samvittigheden, fordi jeg sikkert ikke ville kunne lade alt det håndsprit være, selv om det er de færreste af slagsen, man kan tåle at drikke i dag. *Tja, man er vel dranker!*

Alle de mennesker, der fra den ene dag til den anden pludselig skulle til at gå derhjemme sammen med deres ægtefælle, hvilket var dem totalt uvant, bortset fra 5-6 ugers ferie hen over et år. Pludselig opstod der vold, druk, selvmord, psykiske indlæggelser osv., da mennesker verden over var blevet revet ud af deres hverdag. Mange flygtede i alkohol, da det på kort sigt lindrede den smerte, som pandemien medførte. Arbejdet eller firmaet røg sig en tur, og mange måtte gå fra hus og hjem, og jeg må spørge mig selv, hvor jeg mon ville have været, hvis det havde været i år 2011, og jeg ikke var holdt op med at drikke? Ville jeg mon ende på gaden eller ...?

I skrivende stund er jeg lidt plaget af smerter og nervesmerter på grund af min disseminerede sklerose, som har fulgt mig i 25 år. Til de stakkels mennesker, som bestemt mener, at det sikkert bare er noget, jeg har drukket mig til, er svaret altså definitivt nej! For allerede i omkring 6.-7. klasse begyndte jeg at få føleforstyrrelser i mit højre ben, som forsvandt igen. og dengang var jeg ikke begyndt at drikke noget som helst alkoholrelateret. Jeg får lidt smertestillende, og så prøver jeg at gå mine små daglige ture indendørs med rollatoren, men jeg tør efterhånden ikke, da mit venstre ben helst ikke vil flytte sig længere, dog cykler, ror og bokser jeg hver anden dag. Mandag, onsdag og fredag ... Om morgenen tror jeg dog indimellem, at jeg er ved at gå helt i stykker, for det der halvgamle "skrog" knirker og knager som en gammel bil, der burde smøres i alle hængsler og vedhæng.

Sommeren 2021 har været varm, meget varm – global opvarmning? Nå, jeg har drukket alt, jeg skulle, røget, sniffet og haft det "så sjovt!". Nu har jeg det "sjovt" eller "hylende morsomt" over min nyopståede inkontinens, som ikke er så ny endda, men min stædighed har båret mig hertil. Jeg burde måske snart have topkateter, i en alder af snart 49 år, men den kære urolog mente gudskelov, at en pille imod en lidt overaktiv blære var nok.

Når jeg så tænker på alternativet i alt det hér: At egentlig burde jeg jo nok være dernede i "helvede" og måske sidde og riste skumfiduser over bål lige nu sammen med djævlen eller en eller anden "spade", eller hvor man ryger hen bagefter, når det er definitivt slut her på Jorden. Så er det, jeg griner højt, i bar taknemmelighed over, at jeg er ædru og forhåbentlig dør sådan.

Tak for mig. Johnny Frank.